世界经典家教系列丛书

学会与孩子对话

——查斯特菲尔德给儿子的忠告

田学超　刘琴琴　编

中国社会出版社

国家一级出版社·全国百佳图书出版单位

图书在版编目（CIP）数据

学会与孩子对话：查斯特菲尔德给儿子的忠告／
田学超，刘琴琴编 . —北京：中国社会出版社，2016.10
（世界经典家教系列丛书）

ISBN 978 - 7 - 5087 - 5470 - 3

Ⅰ.①学… Ⅱ.①田… ②刘… Ⅲ.①家庭教育
Ⅳ.①G78

中国版本图书馆 CIP 数据核字（2016）第 248967 号

书　名：	学会与孩子对话——查斯特菲尔德给儿子的忠告	
编　者：	田学超　刘琴琴	
出 版 人：	浦善新	
终 审 人：	李　浩	
责任编辑：	牟　洁	责任校对：陈　蔚
出版发行：	中国社会出版社　邮政编码：100032	
通联方法：	北京市西城区二龙路甲 33 号	
电　话：	编辑室：（010）58124861	
	销售部：（010）58124841	
	（010）58124842	
网　址：	www. shcbs. com. cn	
	shcbs. mca. gov. cn	中国社会出版社天猫旗舰店
经　销：	各地新华书店	
印刷装订：	中国电影出版社印刷厂	
开　本：	170mm × 240mm　1/16	
印　张：	14	
字　数：	200 千字	
版　次：	2016 年 12 月第 1 版	
印　次：	2018 年 3 月第 2 次印刷	
定　价：	45.00 元	中国社会出版社微信公众号

前　言

　　家庭教育、学校教育、社会教育是一个人成长和成才所需经历的三大教育。在这三大教育中，家庭教育首当其冲，尤为重要。如果，把一个人的成长和成才比作一棵树，那么，家庭教育就是树根，学校教育就是树干，社会教育就是树冠。家庭教育不光是学校教育和社会教育的根基，也是它们的支撑和保障。

　　家庭是孩子的第一所学校，也是他的终身学校；父母是孩子的第一任教师，也是他的终身教师。

　　如何教育好自己的孩子？这是当今父母所遇到的一个难题。

　　今天，不管是 70 后、80 后还是 90 后，作为父母，我们遇上了历史上从来没有过的一段特殊的时期：科学技术的迅猛发展、传统观念的断层裂变、贫富差异的日益分化、互联网的深入影响、快节奏的生活方式、多元化的社交网络、信息爆炸的碎片化、人口迁移的多样性、教育资源的差异化……从计划经济时代到市场经济时代，从独生子女一代到放开二胎……无不深深影响着我们每一个家长对孩子的教育，关系孩子未来一生的成长。

　　今天，家庭教育已面临着前所未有的挑战，比历史的任何时期，都更受家长的关注和重视。

　　没有教育不好的孩子，只有不懂教育孩子的父母。不同的父母，不同的家庭教育环境，不同的教育方法和理念，教育出来的孩子截然不同。

懂教育的父母，可以成就孩子的一生；而不懂教育的父母，则可能毁了孩子的一生。

家庭教育成败的关键不是孩子而是父母，所以教育孩子应从父母抓起。

基于此，为了让新生代父母能真正成为孩子的第一位老师，完全掌握好的教育方法和理念，我们特从浩如烟海的世界家庭教育经典名著的历史长河中精心编著了这套"世界经典家教系列丛书"。这套书精心遴选了经过岁月的洗礼和时间的考验，结合前人的经验和后人的印证，已被后世所公认的家教经典：《学会与孩子对话——查斯特菲尔德给儿子的忠告》《培养天才的传世秘籍——卡尔·威特的教育》《打开孩子的财富之门——洛克菲勒教子书》《和孩子一起找到学习的乐趣——斯宾塞的快乐教育》《孩子也是父母最好的老师——斯托夫人自然教子书》《扮演好你在孩子眼中的角色——罗斯福教子书》《家庭是孩子最好的学校——约翰·洛克的家庭教育》《发掘孩子身上的巨大潜能——哈佛名人教子书》《走进孩子心灵的捷径——蒙台梭利育儿全书》《富过三代的秘密——摩根家族教子书》。

这套享誉全球的世界家教经典读物，揭开了孩子成长发展的奥秘，堪称改变和影响了全世界孩子成长的教育圣经。

这是一套值得每位父母收藏的家教经典，涵盖了孩子在成长和成才过程中的各个方面：包含健康的体魄、健全的人格、高尚的品性、良好的学习方法、完美的人际交往、个性的独立、能力的提升、财富的获取、情感的经营，以及日后婚姻、家庭、生活、事业等方方面面。

一套十本，每本书分别着重从不同的角度和方面来阐述对孩子的教育。这里的每本书可以分别独立，十本书又互成一体，全方面、全方位来帮助家长更好地教育孩子。

这套经典家教读物，影响深远，涵盖古今，气势恢宏，弥补了当前国内全面系统、深入细致、权威有力介绍世界家庭教育名著的空白，且有着其独有的魅力与特色：其一，这是一套推动西方教育革新，影响全世界几代人成长，历经数百年而不衰的教育精华，所选的每一本都是经典中的经典，权威中的权威；其二，每一部作品，结合当前的教育，使影响世界教育进程的大家作品与时下父母的教子需求完美结合；其三，深入浅出，通俗易懂，让高高在上的教育论著走下神坛，成为最接地气的家教读物；其四，没有干瘪的说教，不是枯燥的论述，而是案例丰富，故事生动，可读性强，借鉴性大，实用性强，启发性大……

这是一个教育最好的时代，这也是一个教育最坏的时代。谁能抓住孩子教育的黄金时代，谁就能给孩子创造一个美好的未来。

希望每一个孩子都能健康成长、快乐成才；希望每一个父母都能教子有方、助子成才。

希望把这套家教读物送给每一位已为父母和即将为父母的人，还有每一位教育工作者和每一所图书馆。

给孩子最好的礼物，莫过于给孩子最好的教育。

给孩子最好的教育，从此书开始吧……

谨以为记。

田学超
2016 年 5 月 20 日于武汉

目录

第六章　人际关系

第一章　珍惜时间

孩子，时间对于我们来说实在是太重要了，所以，希望你能做一个懂得时间重要性的人，在人生的青春年华中，身体力行，有效利用时间，积累知识，巩固基础，把握好学习和工作的基本顺序，循序渐进，稳步前行。同时呢，在学习中要善于正确地看待自己，调整好心态，谦卑做人，扎实学习，增长见识，做一个勇于跟时间赛跑的人。学习需要耐力，更需要智慧，要努力做一个思维清晰的人，学会在消遣中学习，学会从历史中学习，更要注重从与自己交往的人们身上学习。孩子，人生是一本鲜活的书，走进书中，充实自己，积蓄能量，为自己未来的人生而努力吧！

第1封信　珍惜时间从现在开始

有人说，时光如金钱。如果非要这样比喻的话，那么珍惜时光，利用时光，就可以看作是积累财富。到了一定程度你就会发现，这是一笔非常可观的财富，足以让你的一生受益匪浅。

孩子，在你的成长过程中，你会遇到太多太多的事情，关于这些，我想说的话也有很多。但在所有的话里，最重要的一条，就是我现在首先要说的：懂得时间的宝贵并有效地利用时间。关于这一点，世人所说甚多，但是真正能在自己一生中充分重视时间，并切实利用时间的人，却又太少太少。

即便如你，也肯定已经在过去的日子里听到过太多关于此类的话，诸如"光阴似箭，日月如梭"，很多人经常把这类格言挂在嘴边，时常引用，似乎自己已经深明其义。可是大部分人却都在无所事事，空度光阴后才能真正体会到其中的内涵。然而，当这种真切的认识出现的时候，却往往已经世易时移，只能徒劳地感慨。

说几句格言，念两条警句，这并不是什么难事。正如你所看到的，周围便有很多这样的人吧。这些语句并非完全无用，很多人在念叨的时候也偶尔能感到时间的紧迫。有时候，人们还在醒目的地方挂上各类警示，甚或是一面钟表，面对时光流逝，让人看到后往往能心里一紧，便觉应警觉和珍惜时光。然而时日渐渐过去，很多人却又对之熟视无睹，仅仅停留在口头的表达上，并没有什么实际的作用。缺乏真正的言行一致，恐怕永远体会不到时间的价值和意义，更不用说珍惜和利用时间了。

想要知道一个人是不是真正了解时间的意义，是不是正确利用时间，有个很简单的方式，去看看他的行动便是了。其中有人只是随口说说，有人却身体力行，两者的区别对于其个人的发展，显然有着不同的意义。只有当一个人能够真正地认识到时间的珍贵，充分利用有限的时光，他的一生才不会虚度，其人生的内容才会丰富完满。

孩子，人的一生有很多关键的时期，我现在要说的，就是其中之一，就是你成年前的几年，或者叫作你的学习期。我非常迫切地想要告诉你这段时间应该怎样度过。

在你十八岁之前，你没有独立面对人生的资格，所以我把这段时间叫作你的学习期。你要做的，就是要好好地利用时间，在学校或者其他的什么地方，尽可能多地学习各类知识。这是为你将来打下坚实基础的举措。要知道，无论你将来能走多远，飞多高，没有知识的帮助，你都难以达到你的人生期望。而要达到这一点，就需要充分地把时间利用起来，使你有尽可能多的时间去吸取知识的营养。

我有时候回顾自己走过的路程，常常发现，如果没有先前各类学习打下的基础，我很难取得今天的成就。要知道，在像你这么大的时候，我最常做的就是隔绝外界的诱惑和干扰，努力让自己去全心学习。事实证明，我的选择是对的。这成了我所有荣誉和成绩不可或缺的源泉，我的一切力量均来自于此。即便如此，我也时有遗憾。我总认为，如果当初我能更大的发奋和努力，那今天就会有更大的成绩让我来收获。我现在所希望的，就是这种遗憾不要发生在你的身上。

孩子，当我步入暮年，我才真正体会到，年轻的时候，有大把的时间可资利用是多么幸福的一件事情啊。

当然，不要把你的父亲当作书呆子，只知道读书而不知道其他。恰恰相反，我并不反对各种游戏和玩乐。而我在你的年纪时，也一样对世界充满了好奇，很想去认识它的丰富多彩。于是，我们会有各种各样的玩乐活动，这让我有了很多切身的感受和体验。

切身的感受和体验，让我对各类的游戏和玩耍都深明其理。我知道这些举动的趣味和意义所在，比如愉悦身心，比如满足好奇。同时在这些行为和举动中，也让我懂得了很多事情，知道孰轻孰重，知道什么才是我所追求和渴望的。这让我能有更大的决心投入到学习中，更多地去加强知识的积累。

也许是这样的经验发挥了作用吧，我对工作和玩耍都十分擅长，并能够很好地掌握二者的平衡。这样，让我既能做一个沉静的学习者，又能做一个尽情的玩乐者。很多人佩服我能够兼具二者。我自己却明白，如果没有先前的切身经历，我不能达到这样的境界。可这个成就的取得，却也让我年轻时候的很多光阴在享乐中溜走，这成了我回顾过往时的一个遗憾所在。

孩子，对你来说，从现在开始，珍惜时光，投入学习，直到你成年，去独立面对世界，这是非常重要的。在你成年前的这几年，你一定不要像曾经的我那样，虚度光阴，让很多没有意义的事情占用了你的时间。你应该真切地明白，时间如流水，一去不复返。如果空度流年，你会丧失很多积累知识的机会，这对你的将来，都是难以估计的损失和危害。这正是你人生起步的关键时刻，切莫大意。

在我看来，在这几年里，你一定要想方设法巩固自己的知识基础，这是一切成功的起点。只有把坚实的基础打好了，向上的可能才会出现，这样即便你在将来任何时候，都能以此作为力量的源泉，获得源源不断的能量。

如果你认为这一点无所谓，而且设想着等到将来再说，那你就大错特错了。当你开始自己的奋斗时，你却发现书到用时方恨少，并且因此遭到别人的指责，那未免太遗憾了。而且，你将来会面临各种工作、生活中的事情，恐怕未必有时间去学习，所以，还是趁年轻抓紧一切时间去学习吧！

孩子，如果你成年后却不具备应有的知识，仍然停留在少年层面，难免会让人觉得你的浅薄和无知；如果你因此被他人排斥，那就更是悔之晚矣。如此，你怎么可能成为一个成功的人呢？伴随你的，恐怕就只有失败了。

孩子，现在是你学习的最有利时机，因为你没有别的任务和工作，你唯一的事情就是学习，有大把的时光可以利用，有充沛的精力可以投入，天时地利人和，你又何乐而不为呢？况且就像前边所说的，你现在所做的一切，都是为将来的发展打基础，你也盼望自己能有个美好的未来吧？

当然了，日复一日地学习，难免枯燥，有时甚至让你感到厌倦。对此，并没什么好的对策，就像登山并没有多少捷径一样。我只希望你能坚持下去，并尽可能地让自己明白，现在所做的一切，将来都会有丰厚的回报。

孩子，你准备好了么？

第2封信 不让一日闲过

别小看这短短的一分钟，就是由它们组成了从不停歇的时光。你浪费一秒钟、一分钟，可能觉得不算什么，可要积少成多，那就是个庞大的数字了。

亲爱的孩子，在上一封信中，我已经反复说明了时间的重要性以及对你个人未来的影响。我一直秉持的观点就是，善于利用时间比善于利用财富还重要。当然，如果你对二者都利用得游刃有余，那更是我所乐意看到的。不过实际上现在的年轻人，能够好好利用时间的却越来越少了。

所以孩子，我要向你说一说如何利用时间了。当然，这种利用时间并不仅仅等同于度过时间。我要说的是如何有效地利用时间，也就是不要让一日闲过。

我认识很多人，当他们拥有大笔财富的时候，难免会大手大脚起来，可是财富总是有限的，等到所剩无几的时候，又难免悔之晚矣。我不希望你步这类人的后尘，所以才要在这个时候提醒你应该怎么做。

很多时候，人们对待时间和对待金钱一样，拥有的时候不珍惜，浪费了之后却又后悔。比如少年青春的时候，总觉得来日方长，何必珍惜，不免有各种各样的举动，空度了岁月，虚过了时光。即便是知道时间可贵的人，也并不会有时不我待的感觉，做事慢慢悠悠也是常事。就在这样的状态中，时光一去不回头，在不知不觉中就消失殆尽了。如果能时常自省或者有人督促，或许这种情况就能避免。可是我知道，亲爱的孩子，在你这样的年纪，既不能指望你有这样的自我意识，也不能把希望寄托在你的朋友身上。所以，就让我来做这个督促你的人吧。

历史上很多人，对此是深有体会的。威廉三世和乔治一世等时代的财务大臣劳伦斯，在任职期间做出过很多重大的事情，他就曾经说过："为了一块钱就笑的人，也会为了一块钱哭。"这是我非常欣赏的一句话，而且我还想将之改动一下送给你："为了一分钟而笑的人，也会为了一分钟哭的。"在你沉迷玩乐的时候想想这句话吧。因为你虚度的每一分钟，都会成为你后悔的理由。

所以，别小看这短短的一分钟，就是由它们组成了从不停歇的时光，你浪费一秒钟、一分钟，可能觉得不算什么，可是要是积少成多，就是个庞大的数字了。

在时间的利用上，还有一点要告诉你，就是不要把"空闲的时间"变成"空白的时间"，也就是常说的"不让一日闲过"。

让我举个例子来说，也是生活中常见的小事。比如你和别人约好了要12点见面，约好了时间、地点，同时你还打算顺便拜访其他两个朋友，于是你提前在11点就出发了。结果你想顺便拜访的朋友不在家，一下子有了空闲的时间。这时候你会怎么办呢？

也许在很多人看来，在咖啡馆、商店或马路上来消磨这段时间是个不错的选择。但在我看来，还应该有更好的选择，比如我可以利用这段时间去给其他朋友写信，一个小时的时间可能写出好几封信，然后可以在去和朋友见面的路上把信给寄了。

可能写信并非是任何人的首选，那么还可以看看书，这对大部分人来说都是可选的活动。虽然时间比较短，但是看一些简短、有趣、内涵丰富的小短文却足够了，相信一段美文就能让你的这段时间过得更加有趣，比得上任何商店或者街道的风景。这样的选择，让你有效地把所有零散的时间利用起来，这才是真正的珍惜时间。这段时间你也会受益的，最起码来说，你不会感到无聊。

在我看来，一个不珍惜时间的人，一个不会利用时间的人，一生都不会有大的作为，很可能是一事无成，他们最常做的事情就是躺在床上，或坐在椅子上，伸着懒腰，心里想着："我做点儿什么好呢？"要么在这样的空想中任时间流逝，要么就干脆想："时间太少了，做什么恐怕都不够，还是算了……"无论是学习还是工作，这样的人恐怕都不会有什么成就。

小段的时间如此，当真有大块的时间空下来，他们仍然会按照惯性，照例会无所事事，让时间在不知不觉中白白溜走。

亲爱的孩子，总有一天，你会踏入社会，那时的你，经过多年的积累和学习，正是活力十足、态度勤勉、斗志充沛的时候，如果这时候你选择的是懒惰和安逸，无疑是让人无法容忍的。我态度坚定地提醒你，就是希望你能好好地思考一下，因为下面的几年对你的一生将有着重大的意义和作用。我最欣慰的事，就是能看到你日日三省，珍惜一分一秒的时光，并对未来作出打算。

我有一个朋友，非常善于利用时间。在他看来，即使短暂的时间也不可以浪费，比如他会在上厕所时阅读古罗马诗人的作品。可不要小看这一会儿的工夫，他就是利用这些时间，竟然把那些作品全部读了一遍。他有一个有趣的做法，每次上厕所时，就把买回来的诗集撕下一两页带上，用不了一会儿工夫，这短短两页就可以看完，这时候完全可以弃之不用。

这是个挺有趣的办法，我看你倒可以去效仿一下，这的确是个善于利用时间的绝好方式。在自己没有好的办法的时候，你倒不如去模仿下别人，这总比自己发呆要强得多啊。而且，事实已经证明，这样的积少成多，已经有了预想的效果。不管怎么样，多读书总不是坏事，而基于这样的目的，任何方法都是值得学习的。当然了，有些长篇大论的书，前后贯通衔接，显然就不适合以这样的方式去读，要一口气读完，才能够理解。举这样的例子，也是让你明白，利用时间完全可以不拘一格，要因地制宜。

如果养成这样的习惯，连像这样片断的时间都能有效地利用，那么，你就能够很好地把握时间了。但是你要是看不到这些片断时间的作用，或者明知可以利用却还是轻易地浪费掉了，那么，想做到充分利用时间，是根本不可能了。

充分利用时间，并不仅限于读书，还可以用来做任何事情。

如果按照这样的原则，那么你在做任何事情的时候，除了要充分有效地利用时间，还需要统筹规划，排好顺序，不要小看这个"先后顺序"。工作有时候并不需要什么特殊的能力，只要不懒惰且懂得工作的顺序，就能够将基本的工作做得比较顺利。我的朋友马伦巴拉公爵是个连一秒钟都不愿意轻易浪费的人，在同样的时间里，他会做比其他人多出数倍的工作。不过他工作起来慌张而又忙乱，缺乏必要的顺序和条理，如果他能改掉这些毛病，也许还能做更多的事情。

以我的经验，一个人在能力强、又知道珍惜时间的基础上，可以做出很多工作。但是如果缺乏了条理顺序的好习惯，恐怕会把工作弄得一团糟，就连原有的能力也无从发挥了。

我的孩子，在我看来，你最近变得懒惰起来了。这是不应该的，我要求你能在两周之内改掉这个坏习惯。同时，我还希望你能摸索一些工作中的方法和顺序，这对你以后的工作将会有很大的帮助。这个你以后也许会体会到的。

我亲爱的儿子，珍惜学习时间，学习更多的知识吧！

第3封信　正确认识自己

既不要妄自菲薄，更不能狂妄自大。对于一个有能力的人来说，不论他处于什么样的状况下，都一定能争取到成功。

孩子，你要知道，在你现在这个年龄段，身体机能正处在最好的状态，也就是说，在身体方面，你不需要刻意去做什么，只要保持正常状态，就不会出现健康方面的问题。但是，在你的头脑方面，如果也任其自然，那结果就会截然相反。这个青春可爱的年龄，是个很重要的阶段。你需要学习的是怎样利用每一分、每一秒去充实大脑，目的是让你的头脑在未来的岁月里发挥更大的作用。

我们都清楚，没有人生下来就是天才，即便是有，那也是万中取一。

聪明头脑的形成，是经过了各种训练才产生的。这些训练，能让你的大脑处于一个活泼、健康的状态。这一点不需要什么科学知识就能很容易明白。一个经过训练过的头脑和一个没有经过训练的头脑比较，毋庸置疑，二者之间有着相当大的差距。所以，好好训练自己的头脑，不要让自己成为未经训练、弱小的那个吧。

我并没有否认世界上有天才的存在，可是在你看来，这样的人数量有多少呢？至少在你的身边并没有这类的榜样吧。而且在我看来，即便是个天才，如果不经过训练也不会有多大的成就。道理很简单，一个人有天赋，又有全方面的训练，无疑会让他的天赋变得更加强大。由此可见，即便是天才，也离不开对自己不断地充实和训练。所以，我要求你，在你现在的学习阶段，好好努力，尽可能地训练自己的大脑，储存更多的知识，努力让自己成为一个有用的人。如果做不到这一点，恐怕只能做一个普通人，有时候连普通人都做不了的。

我希望你能够正确认识自己，明白自己处在一个什么样的处境里。作为你的父亲，我并不是一个富有的人，我所拥有最多的，是对你的爱和希望。我不具备能够帮助你成功的地位和财产，而且对我现在所处的环境来说，我也不知道自己会在这个社交圈待到何时，所以即便有人脉资源，我也未必能留给你。而且你要知道，当你长大步入这个社会的时候，我已经是个老人了，退出了日常的工作交际圈，恐怕已经没有能力帮助你了。或许现在你可以依靠我，可是以后你长大了，你还能依靠谁呢？我想除了你自己，就没有别人了吧。所以，趁你现在还年轻，不断地充实自己，积累下知识和力量。在我看来，这是你非做不可的事情。

很多人喜欢抱怨，说什么上次没给他公正的待遇，认为自己是如何优秀，却没有得到应有的回报。但是，在我看来，他们这样的抱怨毫无道理，即便不是在于他们的妄自尊大，也是由于他们看待自己的时候有所偏差，不能正确地认识自己。在一个错误的、偏向的基础上去追寻，肯定是难以达到理想的结果。所以，既不要妄自菲薄，更不能狂妄自大。对于一个有能力的人来说，不论他处于什么样的状况下，都一定能争取到成功。孩子，要相信，是金子总会发光的。

我一直在给你强调"能力"，在我看来，它是指有学问、有见识，并且具有良好态度的人。所谓有能力的人，必须要有知识，这是最基本的。至于知识的重要性，我对你也说过无数次，任何没有建立在知识基础上的追求，都是空想和幻想。除此之外，我还想对你强调两件事。一个是关于"见识"对一个人的重要性。可以这么说，如果一个人是孤陋寡闻的，那么他将走上寂寞的人生。另一个是关于"态度"，也就是你做事情的状态。我以前对此提得不多，可是我认为，即便说态度不是通往成功道路的唯一途径，也可以说它是每个人通往成功的必经之路。如果没有良好的态度，即便他有再好的学问和见识，也不会很有成就。如果没有良好的态度，即便是再容易得到的东西，也会一无所获。所以你也许有体会，当我们和其他人相处的时候，最容易吸引人的不是一个人的能力有多强，而是一个人的态度怎么样。所以，孩子你要记住，在以后的路上，永远做一个谦卑的人，对任何人都要有一个好的态度。

孩子，我希望你能好好地阅读我给你写的每一封信，这些都是我这么多年累积的知识和经验。你要知道，我很爱你，而这些信就是证明。我在你这样的年龄时，并没有好好地为未来打算。据我看来，你现在想必也是如此。相比之下，你关心自己未来的心情还不及我为你着想的心情的一半，所以，你可能还不理解我对你写的这些话的作用。但是我希望你能一直读下去，用心地品味我说的每一句话，总有一天，你会明白我所说的话的。

第4封信　真正的聪明人先拥有良好的判断能力

你要知道，只有思维清晰的人，才能准确区分什么是有用的、什么是没用的，同时他也能找到有用和新奇之间的差别。而将这些区分开之后，他就会将自己的主要目标确定在有用的目标上面，而将没用的或者新奇的事物，仅仅当成自己的一种消遣。

孩子，我听哈特先生说，你在希腊语方面有了长足的进步，并且开始研究赫西俄德的作品，我很高兴你对知识能有这样认真的态度。我现在想跟你强调的一点是：凡事开始并不是最困难的，困难的则是你必须要坚持到底。

我听说你喜欢研究一些稀奇古怪的书籍，甚或对一些散佚的书籍也多有关注。这让我很欣慰，我高兴地知道你在知识探索方面不畏艰辛。在我看来，从事这些研究，能够让你显得学识渊博。不过我也担心它也同样会使你暴露出肤浅的一面来。我希望你在阅读这类书籍的时候，关心关注的应该是书中的内涵，而不仅仅停留在扉页、目录、文字和装帧上。这种内容和形式的区别，很能够判断一个人是不是真正聪明。因为真正的聪明人是拥有良好的判断能力，他应该知道关注什么，放弃什么，知道什么才是自己真正的目标，并且他还能根据目标的大小来合理分配自己的时间和精力。

相形之下，有些平庸的人就无法具有这样的判断力，在事情的选择上则多有偏差，他们不知道什么是自己想要的，不知道什么是优先的，这样，很容易将小目标当成大目标，从而将大量宝贵的时间和精力白白浪费在一些毫无用处的事情上。其实生活中犯这样错误的人很多，比如昆虫商、贝壳商、捕捉蝴蝶的人以及制作蝴蝶标本的人。

你要知道，只有思维清晰的人，才能准确区分什么是有用的，什么是没用的，同时他也能找到有用和新奇之间的差别。而将这些区分开之后，他就会将自己的主要目标放在有用的目标上面，而将没用的或者新奇的事物，仅仅当成是自己的一种消遣。

说到消遣，也并不是率性而为、任意而做，它也应该成为一种学习知识，才算不浪费时间。

哈特先生还告诉我，你已经拜尊贵的校长为师，开始向他学习天文学知识了，我很高兴，因为这方面的知识也很重要。并且你需要花费更大的精力，耗费更多的时间，才能对那些行星系、天体之间的秩序性和规律性有一个较为深刻的了解。这方面的学习将使你更加系统、合理地认识我们那个永恒的、无所不能的造物主。正是他创造了宇宙万物，并使其一直维系到今天。

第5封信　如何从历史中学习

有些人为了节省时间与精力，而以研读历史性的大事件为中心，其余的则仅仅粗略地浏览一遍；有些人则无论对大小事件都倾注同样的心力，所有这些大小事件都能记得很牢固。不过，我建议你采用别的方法。

阅读历史学家的书，有一个好处就是能很快了解一般人都熟知的事，如果抛开各家不同的论调，仅仅作为一种知识的积累，也是开卷有益的具体体现。

说起历史，学习的方法也要讲究一下。

有些人为了节省时间与精力，而以研读历史性的大事件为中心，其余的则仅仅粗略地浏览一遍；有些人则无论大小事件都倾注同样的心力，所有这些大小事件他都能记得很牢固。不过，我建议你采用别的方法。

在你选择了一个国家的历史著作时，首要的就是先抓住其中的概要内容，然后从中寻找重点。对于各国经济、文化、政治等，你认为重要的内容，都可以列入此列。然后对自己所选出的重要事件，再彻底地研读有关的论文或书籍，并做深入了解。而且，最好是能探讨事情发生的内在深层原因，并考虑由此引发的系列事件。

比如说鲁羌特尔所写的《法国史》，短小精要，是很好的入门书籍。如果能仔细研读那本书，对于法国的历史就会有一概略的认识了。而如果你对某一段历史上的重要事件已经有了一定的认识，梅杰列的史书将对你有所帮助。此外，还有几本对每个时代、事件均有详细记述的史书，以及从政治观点来看历史的论文等，都可作为参考。有关近代的史书，则可以从法王菲利普二世的回忆录开始，到记录路易十四时代的书，这方面的书有很多。若能选择适当的书加以研读，应该能对某个时代或某个事件有全盘的了解。至于其他吸收知识的渠道，也很容易得到。比如你在法国同各式各样的人交谈时，不妨试着把自己对历史的认识和了解，巧妙地不着痕迹地导入谈话当中。要知道，再不了解本国历史的人，也会以为生活在这样的国度中，有自己的体会和感受，这些有可能就是你未必知道的。就好像一个人只看过一本书，但他对这本书的理解和认识却是独一无二的。

第6封信　以怀疑的精神学习历史

无论历史的可信度如何，对于我们，生活在复杂社会中的人而言，历史远比任何科学都来得重要。习惯性地去怀疑历史，有利于我们保持冷静、清醒的思维；这也是你学习的态度。

前时，获悉你仍在研究宗教改革，我非常高兴。据我了解，如今的你对于某些事情已经有了深入的洞察力。更让我感到欣喜的是，你知道用怀疑的眼光去看待历史著作的记载，对于其中自己不甚明了的问题，还能够去收集资料，进行全面的研究。以我看来，这才是学习历史的正确态度。

有些人看书则不同。他们也有博览群书的举动，却往往不加区别，不加判断，把所有的内容一股脑装入大脑，结果自己的脑子里毫无条理，也无有用无用之分。这样，大脑似乎变成了一个垃圾场，各种杂物云集。

我有一个貌似极端的想法，在看待任何历史著作的时候，除了作者的姓名外，其他的内容均可持怀疑态度，都不能不加选择地直接接受。对于书中所讲述的观点和所谓的正确结论，也要保持冷静、清醒的头脑，全盘考虑。

当牵涉到某个特定的历史事件时，最好能多收集一些相关资料，并把它们放在一起，相互比较它们对同一事件所持观点的异同，然后再加以综合的评判分析，比较整理，最后形成自己的观点。

众所周知，历史是后人抱着一定的个人或是集体的价值理念写出来的，无不打上作者本身的烙印。我们毕竟已无法获知"历史的真实面目"，所以，对于同一历史事件，多收集些资料，多接触些不同的观点，对正确地认识历史没什么坏处。

就说恺撒大帝被杀的事情吧，各种历史书籍上都有记载，而且几乎所有的书对于这段历史都进行了各种各样的描述，多数都带有自身对该事件的分析和判断。这对我们来说，如果全面接受，就相当于没有自己的观点和立场，这无异于任人摆布了。

所以，在分析某一事件的真正原因时，我们必须把当时与该事件有关的人物的想法和利害关系等方面的问题都考虑进去。然后，我们才可以判断作者的观点是否合理，这其中还包括是否还有其他更大可能性的动机，这也很重要。

即便在相同的历史条件下，对相关人物的动机，也需要全面地去考虑。这就要我们在研读历史的时候，要细致、周到，即使微不足道的地方也不要放过。要知道，人是一种充满矛盾和善变的综合体，可能时时刻刻都在变化，甚至有的时候一个人心情的好坏，时常还会受到身体状况的影响。

从这样的观点出发，你就应该明白，人是随时随地都在变化的。一个人是伟大的，但肯定同时也存在着某种卑微。一个卑微的人，也未必没有伟大的因素。就是我们常说的，人总有他自己的优点或缺点一样。总之，人是每天、甚至每时每刻都在变化的。哪怕是一个一无是处的人，他也会有某方面的优点，也有可能在某一天做出令人意想不到的好事情。这就是人类的实情。

遗憾的是，我们在探究历史事件发生的原因时，往往只会去寻求那些较为高尚的动机，而这样就不容易找到事情发生或发展的真正原因。以路德的宗教改革为例，这件事发生的真正原因，也有可能就是路德的金钱欲望受挫引起的，但是，那些偏重理论的历史学家们，却把所有当时与之相关的历史事件，无论大事小事，都归结为政治动机。

对此，我深感疑惑。

　　就因为人是矛盾的复合体，所以人的行动就不会只受人性中较高尚一面的影响。智者千虑必有一失，愚者千虑亦有一得，就是很好的体现。人类拥有矛盾的感情，时时刻刻都会发生变化。如果一个人当天的身体状况不好，不舒服的内在状态就会让他的表现与平常不同，这就是现实生活中的人。所以即便是消化系统良好，睡眠非常充足，行动极为果断的男人，也不排除他在某一天会因为消化不良、睡眠不足，会在某个十分平常的场合表现得胆小怕事。

　　因此，把所有动机都归于人类高尚的情怀，似乎会过于简单化，也不会得出正确的结论。其实，关于人类的行为，无论收集多么完备的材料，无论多么深入地加以探究，其真正原因，仍然很难脱离臆测的局限。

　　还以恺撒被杀为例。恺撒是被一个阴谋集团杀害的，这个集团有 23 名成员，这是一个毋庸置疑的事实。但据一些史料上记载，这个阴谋集团的 23 名成员，全都是由于爱好自由、热爱罗马才勇敢地杀死恺撒的。

　　我很怀疑这样的论调，并对之也进行过思考：难道仅仅是这个原因吗？我认为，这并不一定完全等同于历史上众人谋杀恺撒的原因。如果有一天历史证据充分，我们倒是有可能发现，谋杀恺撒的原因，可能基于刺客们的某种情绪波动、某种个人利益需求等。即便这并非是主要的原因，也可能会是其中部分的动机。这些真相，则只能期待有一天历史倒转了。

　　就是因为读历史需要对内容进行辨别，我才认为读史可以有效地培养人正确的判断力和分析力，是培养人对事物持有怀疑态度的好"材料"。而事实也正如此，自古以来，人们对历史事实与动机的怀疑从来就没有间断过，人们对某一事件的各种背景，几乎都是持有怀疑态度的。

　　这种现象说起来也简单，有时候我们在日常生活中经历的一些事情，看到的未必都是真相，很多说法也会让我们感到怀疑，更不要说离现在几千年甚至几万年前的历史了。所以，我们应该明白，所谓的历史事实，其可信度是很脆弱的。

再如，当警察在对最近发生的某一案件取证时，人们的证词能够完全一致吗？我想应该不会吧！只要有两个或两个以上的人来做证，可能就会出现供词的差异。当然，有人会以自己的良心去作证，完全按照事实讲述；但同样地，也有人可能会怀着个人目的去作伪证，有意地扭曲事实。就算是在庭审时，法官也不见得会做到真正的公平、公正。

说了这么多，我无非是想表明一点，对于历史学家所记述的历史事实，我们也无法确定是否公正。也许那位学者想借此大发议论，也许想及早地结束那个章节。因此，在读历史类文章时，最好持有怀疑的目光，就算那篇文章是由某位著名的历史学者写的也一样。对待历史事实，我们必须自己分析，保持自我判断。

无论历史可信度如何，对于我们生活在复杂社会中的人而言，历史远比任何科学都来得重要。习惯性地去怀疑历史，有利于我们保持冷静、清醒的思维；这也是你学习的态度。

在学习历史的过程中，还有一点值得注意，那就是不要用"历史的标准"来匡正现在，预测未来。不要愚蠢地认为，过去发生的事情将来还会发生。我们学习历史，是借鉴过去的经验，了解其中蕴含的普遍道理，但不能将之作为判断是非的标准和行事的准则。

我在上面说了，任何历史的真面目，我们都无从考证。无论多么轰动的事件，后人都无法真正了解其真相，对其原因也都只是"推测"而已。何况过去的证言，远比现在的证言模糊得多，其可信程度也是大打折扣的。

时间越久，证言的可信度就越低。还有一些学者，看似公正地不问公私立场，只凭某种"类似"的缘由，就随意引用史例，这是很不科学的做法。要知道，从有人类以来，太阳底下就没有发生过完全一样的两件事。因此，所谓最伟大的史学家，也不过是最接近当时真相的人而已，也不能完全掌握历史事件的全貌，并完全记述当时事件的因果。

由此可见，我们不能仅仅因为以前的学者是这么写的，以前的诗人是这么写的，就把它当作真理来引用。当然，我们可以拿历史作参考，不过要遵守一条准则：仅仅拿它来作为参考就好了，并不能作为判断事态发展的依据。

第7封信　读书使人进步

人生就像一本书，从这本书中所得到的知识，远胜于你读遍至今出版过的所有书的知识。

亲爱的孩子，你的一生要读很多书，但是最大的一本，就是你的人生。人生就像一本书，今天，我希望你阅读的，就是这本书。

从这本书中所得到的知识，远胜于你读遍至今出版过的所有书的知识。因此，当很多优秀人士济济一堂时，如果你有机会能够参与其中，就完全可以放下手头的任何书，走到他们中间去。他们的人生阅历和经验，很有可能比你的书精彩数倍。当然了，我们深知，在社会纷繁复杂的俗事中生活，想有片刻闲暇也殊为难得。在这样的闲暇中，如果能有几本好书相伴，真的算是不虚度光阴的。很多人都乐意选择这样的方式来度过自己难得的空闲。所以从这个意义说，选择一本好书，才是有效利用这段时间最重要的。所以，亲爱的孩子，在这里我想和你就这个问题多说几点。

首先，最好别把时间浪费在毫无意义的书上。有些闲书多是一些没有多少思想的懒散作者杜撰出来的，为那些怠惰而又无知的读者而写的。而且这种书并不少见，你去书店看看，会看到不少。在有些人看来，这似乎就是度过闲暇时光的美好选择。其实但凡有点基本判断能力的都会明白，这种既无益也无害的书最好别碰。

其次，读书时，要确立明确的目的，围绕目的选书，在未达到目的之前不要接触其他不相干的书。考虑到与你未来可能的发展方向，我建议你在现代史中挑出几个特别重要且感兴趣的，再仔细研究。如果时间、精力允许，再去阅读一些值得信赖的史书、文书、回忆录、文献等，并详加比较。这里，我要强调的是，同样是读书，与其同时研究几个主题，倒不如先找出一个主题，做有系统的研究会更有效率。

在同时看几本书时，也许会遇到内容互相矛盾甚至是相反的情形。那时，最好再找别的书来对照。如此一来，反而会使记忆更加深刻，因为你仅仅是看了和某件事有关的书，也并不一定容易完全了解事件的内容。但是，如果你除了看那方面的书以外，还去了解时下政治家们和学界的争论，了解了反方面的意见，并询问别人的意见，那么，你就可以在脑海中建立起关于这一主题的立体印象，这方面的思绪也能很顺利地进入脑海。这样得来的知识，既完整又不容易忘记。

在你开始工作的时候，仍然需要读各种各样的书。对于这一阶段的读书方法，我归纳为下列数项：

1. 开始工作后，可以借着和各式各样的人打交道来增长自己的见识。
2. 不需要再看无益的书。
3. 围绕主题看书，能让你事半功倍。

若能切实遵守上述几点，则一天只要读 30 分钟就够了。

第二章　能力提升

孩子，你已经到了对事情能够深思熟虑的年龄了，能力水平的高低会影响着你追求人生梦想、实现人生抱负的前进步伐。所以，我希望你能够养成用自己的头脑对是非、事物进行深入思考的习惯，避免玩世不恭和随波逐流。人类最大的恐惧就是恐惧本身。面对恐惧，你要保持积极、宽广的心态，拿出理智、冷静、自信、勇敢、乐观的精神来迎战它，努力使自己的心智发展健全，征服恐惧，战胜自己。遇事要保持清晰正确的判断力，发表观点切勿武断；在知识丰富的基础上保持谦虚的心态，在倾听别人的观点基础上，有礼有节地陈述自己的观点。在步入社会前进的道路上，不要放弃自己的虚荣心，而是要将正确的虚荣心转化为勇往直前的上进心，发挥潜力，向上突破。在事业发展上，要在做好系统分析的基础上，培养自己的果断决策力，要敢于冒险，勇于挑战。在逆境和困难面前要审时度势，学会忍耐，关注长远的利益，用坚强的意志、优雅的风度和才艺以及丰厚的学识，去迎接人生的各种挑战。

第8封信　学会独立思考

"思考"是多数人都想省掉的麻烦，但是，我衷心地盼望你绝对不可放弃思考。

　　孩子，你现在应该能对事物具有独立思考的能力了。在我看来，和你差不多年纪的年轻人，还很少有人能做到这一点。这个要求，说来可能苛刻，但我还是希望你能养成对于是非、事物都有深入思考的习惯。在具备了这样的能力以后，去追求真理，学习知识，以形成自己的理念。

　　说实话，我在你这个年龄，并没达到我现在对你要求的程度，很多不足的地方，现在想来，十分可笑。说这些往事给你听，我并没感到能损害我作为父亲的尊严，只希望以此给你一种借鉴。

　　在你这个年龄段，我没有独立思考的能力和习惯。再长大一点，似乎有了这样的能力，但是所思所想，都是些无关紧要的事情，有时只是简单地在不加区别地吸收着书上的内容。有时对身边朋友的建议和说法，往往没有自己的判断，就接受了。当时我想，与其费力去追求事物的深刻含义，倒不如跟大家一起稀里糊涂来得轻松。之所以如此，一方面我认为什么事情太认真了反而麻烦，于是就懒得去追寻；另一方面我年少贪玩，沉迷于各种娱乐活动，所以对需要自己独立思考和判断的内容，往往没有多少热情。

　　这样，我逐渐就失去了自我的判断能力，往往流于偏见，不自觉地就养成了一些错误的习惯和想法，根本无从谈起对真理的追求。后来，随着年龄增长，我的理智重生，慢慢拥有了自己的独立判断力，我发现自己对事物的看法有了惊人的变化。和过去简单听信别人、随波逐流的做法相比，现在的我看待任何事物都井然有序，入木三分。回忆青年时代，除了年少无知地认为世上存在怪物幽灵等荒诞想法外，我对历史也有着错误的绝对信任。这使我不加判断地看了很多历史书，并在老师的引导下形成了这种根深蒂固的信任，现在看来真是触目惊心。我当时竟然想当然地认为，这世界上没有良知的存在，良知这类东西已经随着古希腊和罗马的灭亡而消失了。这种观念真是令人难以想象，我还据此认为，荷马与巴吉尔是古代人，所以是对的；而弥尔顿与塔索是现代人，所以不应该看他们的著作。至今我才知道，古代人与现代人，并没什么差别，他们看待事物、分析事情的角度都从自身的知识或地位出发，唯一的区别可能就是生活的时代不同，其他没有任何本质的差异。如果说几千年、几百年前的人才更加诚实、善良或者勇敢、聪明，那简直毫无根据而且非常可笑。

很多和我一样的人，知识积累相当丰富，堪称学者。但他们要么信奉古典，绝对相信历史；要么对现代的事物极其狂热，完全抛弃古代。然而我自己的经历就说得很明白了，无论是古代人还是现代人，都是优点和缺点并存。他们的行为方式，有好有坏。我长大成年以后才明白这一点，但也算是"朝闻道，夕死可矣"，不算太晚啊。再比如，绝对地信任历史，往往会有宗教偏见。有一段时间，我天真地相信，若是没有英国国教作为基础，在这个世界上，连最正直的人都毫无希望了。当时我并不了解，人的想法或意见，并不是那么容易改变的。就像自己的意见会和别人的意见不一致，同样，别人的意见也会和自己的意见相左，这是理所当然的。那并不是什么难以容忍的事，也没有什么大不了的。因此，即使彼此意见相左，只要双方都是认真的，也就够了，人与人应该相互容忍。

还有更可笑的事情，我年轻的时候，听信别人的说法，认为要想在社交界出人头地，就要做出"玩世不恭"的模样，这样才能引人注目，于是自己就毫不犹豫地以此当作自己的目标。现在想来，那样做真的很愚蠢，盲目从众在发挥了很大的作用。

现在年龄大了，我也意识到这种盲目从众的可笑，做什么事情都不会只考虑别人的感受。这件事情就告诉我，如果你缺乏自己的判断，不管你原本是如何的高尚和博学，你所采用的这种不恰当的外在方式，也会影响到你个人形象，使得很多本来对你有好感的人降低对你的评价。

在使自己有一个优秀的大脑的过程中，我需要告诉你，有些看起来似乎有理的事情，最容易迷惑人，它不像有些错误容易使人一目了然。而实际上是有错误的东西，其表现形式太过愚蠢。这些事情往往是一些智者在追求真理的过程中，偶然的错误、不小心的漏洞，或由于一时的松懈、精神不集中、缺乏精微洞察力而发生的。这一类的例子很多，比如，认为"在专制政治的统治下，无法孕育出真正的艺术或科学"这句话，就值得推敲。人身的自由固然受到了限制，难道人的艺术细胞也会被扼杀么？听起来似乎是有些道理，但是经不起深入地推敲。如果说是针对农业、商业这样的行业，在有关利益和设施得不到保障的前提下，很难进步。但是，如果说对于数学家、音乐家、天文学家等才能的遏制也是如此，恐怕就不尽然了，至少我尚未听说过这种实例。要知道，文学家、数学家可能会被剥夺用自己的方式来表达或者创作的自由，但是他们对自己所喜爱的专业所投入的热情，恐怕无法夺取。有些法国作家的遭遇和成就就足以证明这种说法是错误的。例如高乃依、拉辛、莫里哀、包华洛、拉·封丹等，他们在公认堪与奥古斯都时代匹敌的路易十四的压制下，将其写作的才华发挥得淋漓尽致。

希望你也能记住，在奥古斯都时代的优秀作家们，就是在那个残忍且毫无可取的皇帝的专制统治之下，发挥才能的。另外，书信也不是在自由的风潮下才受到重新肯定的，而是在握有绝对权力的教皇利奥十世，以及在实行前所未有的独裁政治的法兰西斯时代，才受到奖励及保护的。

当然，我说这些并不是在偏袒专制政治。其实，独裁是我最讨厌的。我说这些，不过是要证实自己的看法，也希望你从中体会得到。对于头脑里所产生的想法，首先要重新判断一下，它是否"真的是自己的意见"。虽然需要花费较长的时间，但我还是希望你能养成用自己的头脑仔细思考的习惯。这就需要你在判断事物的时候先想想看，这是自己的真实想法，还是别人引导你去想的，甚至是别人告诉你，你才如此想的？还要想想这些事情是否准确。从这一步开始，你就能够逐渐根据别人的意见，独立地去思考和判断，而不是盲目从事了。

很多人到了一定年龄，总会发出诸如"我早点如何如何就好了"的感叹，以此表达自己的后悔之意。所以，要想以后不后悔，就要早点开始靠拢正确的方面。当然人的判断总会有失误，谁也不可能万无一失，但我们要尽量地弥补这种失误。在我看来，看书和广泛与人交往就是一种很好的方法。当然这只是一种方法，根本还在于你自己形成自己的判断，选择自己的方向，完成自己的使命。所以，我衷心盼望你绝对不可放弃思考。

第9封信　战胜恐惧

孩子！望你切记，你的内心越是害怕什么，什么东西就越会不约而至，就像一个害怕在冰上滑倒的人必定会滑倒在冰上一样。如若你的心中一再出现某种恐惧，那么，你就会越来越害怕你所恐惧的事情。所以，为了不让你被恐惧所控制，最好的方法就是在被恐惧征服之前，先战胜它。

孩子，我们在这个世界上，总会有恐惧的时候，害怕某种东西。这种恐惧也使很多人变得怯懦，它的能量足以达到可以剥夺一个人成功的能力，致使很多人失败。恐惧会使人的内心产生容易发怒的浮躁现象，导致心智不和谐。在某些时候，恐惧还会造成严重的心理失调和生理疾病，甚至死亡。

比如在一些灾祸中，有的人受伤并不严重，但是在灾祸发生的那一刻，其心灵经历了生与死的考验，充满了恐惧，结果在灾祸过后，心灵乃至大脑因恐惧所造成的阴影依然挥之不去。

在很多时候，恐惧可以影响到人体器官，进而摧残人的意志和生命；恐惧可以破坏人的修养，损毁人的心理和精神活力；恐惧可以打碎希望、消减志气，使人心力衰竭，对任何事情都灰心丧气；恐惧还可以摧残人的创造精神，杀灭个性，使人的精神机能逐渐衰弱。

任何事情，都不能在恐惧的状态下完成。只要心里产生了恐惧，人的心情就会变得怯懦、胆小、畏首畏尾，这种心理的产生，使人在做任何事情的时候，都不可能提高效率，不可能全身心投入。恐惧自古以来就被称为魔鬼，且从过去到现在，这个魔鬼都是人类最可怕的敌人，也是人类文明事业的摧残者和破坏者。

就拿你来说吧，孩子，我记得你小时候，对小动物有着特别恐惧的心理。在你上学的时候，你又经常说到学校里的几个男孩，因为他们身强力壮，经常欺负别人，你害怕有一天他们会欺负你。那时候，我担心你会因为这些恐惧，不敢去做一些事情。当然，现在我的这种担心已不复存在。随着你年龄的增长，你在这方面也有了很大的改善。当然，我并不知道是什么促使你有了这么大的改变，但我想告诉你一句话：人类最大的恐惧就是恐惧本身。

我希望你能克服恐惧，就像克服其他种种可能对你有害的缺点一样。记住，一旦发生了什么事情，尽量避免往恐惧方面想，不要让恐惧一有机会就侵入你的心中。如果你有了恐惧的念头，可以拿出理智、冷静、自信、勇敢、乐观的精神对付它，这样，恐惧就会自然而然地被击败。

小时候给你讲过这样的故事。有一个永远拒绝恐惧的人，死后来到地狱，撒旦威风凛凛地问他："你最害怕的是什么？"这人回答："没有什么可以让我害怕，包括死亡。""是么？"撒旦的语气软了很多："我想你一定是走错地方了，这里只接受那些被恐惧所威胁的人。"地狱也无法安置无所畏惧的人。所以孩子，勇敢乐观起来，积极面对一切，这样你就必定能战胜恐惧。

孩子！望你切记，你的内心越害怕什么，什么东西就越会不约而至，就像一个害怕在冰上滑倒的人必定会滑倒在冰上一样。如若你的心中一再出现某种恐惧，那么，你就会越来越怕你所恐惧的事物。所以，为了不让你被恐惧所控制，最好的方法就是在被恐惧征服之前，先战胜它。

第10封信　任何时候都有清晰正确的判断力

为了让合乎道德的行为永远得以实现，也为了让优点永远是优点，必须随时随地鞭策自己，切不可自我陶醉。

所有的优点或道德行为，总会有其对立面。在某些条件下，这两个方面还会互相转化，从而导致巨大的变化。比如有人对待他人非常宽容，所以也会对某些人过于溺爱；有人非常节约，于是就变得比较吝啬；有人充满勇气，却也难免变得鲁莽。诸如此类等，在很多人身上都有非常明显的体现。所以，我们除了要避免做出不道德的行为之外，对于本身的优点或美德，也同样要多加留意。

对于不好的不道德行为，人们看到它时，难免心中生厌，自然也就不想再多看他一眼；至于深入探究，更是毫无兴趣。当然有人善于掩饰此类行为，又另当别论。而对于好的行为，人们一看到就会怦然心动，受其吸引而沉迷，有时候还会陶醉其间。这些表现，大都可以理解，因为趋善远恶也是人的本性使然。

就因为人有这种本性，所以才有清晰正确的判断力。不能因为不道德行为的不美就不屑一顾，不能因为道德行为的美就陶醉其中。要想远离丑恶，保持美好，就需要对双方具有正确的判断。关于这一点，我今天要举的例子是"学识丰富"。

比如说一个人学识丰富，却缺乏明晰的判断力，那么知识就不能为其所用，甚至会起到相反的作用。有一些学者被时人称之为假道学，大抵出于这种情况。对你来说，我的孩子，应该说也积累了一定的知识，为了避免流入此类，不妨从现在就开始注意这一点！

为何如此？大概是因为学识丰富的人，往往会对知识过于自信，多半不容易接受别人的意见。我给你的忠告是，知识要丰富，态度要谦虚。当然，有时候一些知识丰富的人，会擅自强迫别人接受自己的观点。一旦这么做，其他的人就会觉得受到侮辱、伤害，就不会心甘情愿地听从于他。或者会为之愤怒、反抗，当然也不能造成更严重的后果。

其实这种情况完全可以避免，所以我要严肃地提醒你，一旦知识增加了，你要更加谦虚。有时候谈到自己有把握的事，也不要做出绝对的判断和定语。在陈述自己的意见时，不要太过武断。而若想说服别人，则先要仔细倾听对方的意见。这种谦虚的美德是不可或缺的。要是你讨厌被别人批评为假道学或俗不可耐，也不喜欢被人认为没有学问，那么很简单，你只要注意不要时刻想着卖弄学问，而注重和周围的人平等地进行对话和交流即可。不要让他人感觉自己比他人更高明、更有学识。知识就像是怀表，放在口袋里，在需要的时候拿出来即可，不用为了炫耀自己的怀表而去主动告诉别人时间。

学问，好似不可缺少的有用装饰品，如果你身上少了这样东西，想必会觉得很丢脸。不过，为了避免犯上述过错而招致诽谤，则必须十分谨慎。

第11封信 利用虚荣心激发上进心

虚荣心，对于人向上的一个方面来说，便是想要得到世人赞赏的心理。这是一种人人都会有的积极心态。但如果这种心态过分张扬，便会引发愚蠢的行为，甚至过犹不及，弄巧成拙。然而，我则认为这种向上的心理如果把握得当，通过企求获得他人赞赏的心理，达到促进自我提升的目的，便不失为一件好事。

孩子，如今的你已长大成人，拥有了自己的判断能力，无论什么事我都可以对你直言不讳了，如果你有这样那样的缺点，我也会直接向你说明，不会隐瞒。今天，我则先要告诉你我的一个缺点——虚荣心。

很多人认为虚荣心是人性的弱点。我自己也有着这样的情况，但我却不认为这是一种遗憾。很多情况下，我反倒认为有虚荣心是件好事，最起码我个人的虚荣心是件好事。

从我自己的经历来说，有着"我要永远第一"的心态，便能激发出最大的潜能。如若人们喜爱我身上的这一优点，这种喜爱很有可能造就我的虚荣心，那么，这种虚荣心不但不对我有害，而且还能敦促我积极向上。

当年，我和其他人一样，怀揣梦想，有着出人头地的抱负，希望自己能够在未来的岁月中干出一番大事业，得到大众的认同，获得世人的赞赏和崇敬，这曾经是我从事所有事情的最大愿望。在这个愿望的引导下，我曾经干过许多蠢事，但也不乏明智之举。

比如说我在参加很多男性聚会的时候，总暗自思索，和周围的人进行比较，评判我比这其中哪几个人强。我也曾暗暗立誓，有朝一日我要像聚会里最出色的人一样卓越。就在这种想法的激发下，我才不断地奋发向上，想着有一天要成为这些人中的第一，或者第二、第三。于是，不久我便成为聚会中的焦点和主角。这时候，人们便把我的所作所为看成理所当然的标准了。

当我上升到一定层次后，人们开始对我进行仿效，很多人对我表达崇拜。看到这些，我的心中自然有一种说不出的喜悦。很多的聚会也会有人专门邀请我，而我往往也能对现场气氛予以一定程度的影响。

因为我有这种身处焦点的虚荣心，在男性阳刚的人群里，我能表现出粗犷豪放的一面；而在严肃又正式的场合，我又能表现出严正大方。所有接触我的人，都对我表达了好感。我也因此更加投入地在这些场合游刃有余地穿梭，始终能保持着与他人和睦相处的关系。就因为这样，没多长时间，我便结识了许多名流绅士。

所以，在我看来，虚荣心，对于人向上的一个方面来说，便是想要得到世人赞赏的心理，这是一种人人不能具有的积极心态。但如果这种心态过分张扬，便会引发愚蠢的行为，甚至过犹不及，弄巧成拙。然而，我则认为这种向上的心理如果把握得当，通过企求获得他人赞赏的心理，能够达到促进自我提升的目的，便不失为一件好事。

为了满足个人一定的虚荣心，就得有强烈的上进心，以及为了做好这些事情而付出的深思熟虑，如果这样，就并非缺点，而是努力朝着自我奋斗的目标迈进。

如果一个人连希望被认同、被赞赏的心都没有，便会自然地变得对什么事都漠不关心，当然也无法做好更多的事情，更不要说发挥自身的潜能了，这应该是自甘末流的人所走的路。反之，如若一个人葆有一定的虚荣心，并能恰当运用，他就会努力向上求得长进和突破。

哲学家把虚荣心定义为"人类的卑贱心理"。但我却不以为然，我认为，如若没有虚荣心的推动，就绝没有我今天的成功。为此，我强烈希望你能和我年轻时一样，拥有旺盛的虚荣心。于我而言，没有什么比虚荣心更能促使我的成功了。

第 12 封信　果断决策力的培养

为了获得事业成功，并没有什么万能的方法，如果要说有的话，可从拼图游戏的经验中获取。被证明为众所周知的基本原则有两三条，果断力就是其中之一。

孩子，在最近的一场比赛中，我听说你比冠军稍微迟了一步，深感遗憾。这个项目如果获胜的话，将会有大把的额外利益获得吧！不过，比丢失这笔利益更让我深觉遗憾的，是我们在这场争夺战中被打败这件事本身。

在比赛中，我们一直跑在跑道内侧最有利的线上，眼见马上就可冲刺到终点，却因为你的决定晚了一步，导致自己在最后的直线跑道上与胜利无缘，而拱手让给了别人。

我有很多从商的朋友，他们有时候犯下错误的原因，就是没有迅速做出决定的能力。关键时候，没有抓住机会而缓慢做出决定，就会因这种迟缓性失误而带来重大损失。这就是被称为"延宕"所造成的令人遗憾的事情。

18 世纪有一位英国诗人爱德华·杨古曾说过："延宕是时间的强盗。"此话正道出谁是偷走你最大期望值的小偷！

要做好最终的决定，就要具有决定的果断力，同时，也需要具备对事实较强的认识能力。

可是，即使具备了这两种能力，也并非就能抓住机会处理好任何问题，有时候还需要在判断面前有当机立断的意志，这也是不可或缺的。事实上，有很多机会，常常在太过犹豫不决的人的眼前丧失掉了。

有时候，将事情发展的情况进行整理后，仍然不会得出有效的结论，于是忧虑和烦躁占据了主导，这样的人一样会丧失很多机会。

这些人，显然在做重大决定的时候才用过去的方法。我这里有一种比较单纯的方法，可以推荐给你，你也许听说过，不过当时也许当作耳旁风，并没更多在意。

这个方法很简单。针对一件事情，花一点时间，将所有的事实收集后，准备一张白纸和一支笔，在纸的正中央画一条纵线，一半将它当作正面栏，另一半当作负面栏。将各种因素分列在两栏里，然后将各项因素列出分值，对正负两栏的内容分别加分。如果其中一栏的得分值比另一栏的分数领先很多的话，你就应该明白从哪个方面下决定更为有利。

如果两栏的分值相差不大的话，凭过去的经验，就只有让你的运气来决定了。不过，在所有的算计考量工作结束之际，一定要针对问题来探讨，直到找出最后的结论来。在提出结论之前，或者在提出之后，不要给自己留出焦虑的时间，一旦出现这种不好的情绪，很容易影响判断，导致失误的出现。当做出决定的时候，就是忧虑的终止。

一旦决心下定，就不要再改变主意，按照自己选定的目标努力即可。这是一些身经百战的领袖们的信条，他们常说："开弓没有回头箭，选定了就绝不后悔。"

很多的时候，人们做了决定后也唯恐失败，于是往往出现反复，这就是为何优柔寡断出现的主要原因。面对这种情况，你可以鼓励自己，机会出现了，与其看着它随风而逝，毋宁义无反顾地努力一下，即便是失败了也不后悔。所以我一直强调，持有消极态度的人，不适宜作领导者。

你只要参与竞争，就意味着在这样的过程中要不断地决定、创新、抓住机遇获取胜利，或者做好应对失败的准备。

所谓的胜利者，并非百战百胜，只不过是胜利的机会比较多，同时也不排除失败的可能。如果害怕失败而不敢迎接挑战，一味地畏缩退让，那么连胜利的机会都不可能有，只有失败。如果你能在不畏惧的情况下踏出婴儿般的一小步，不久之后，就能无所畏惧地跨出到达胜利的目标——巨人般的一大步。

在有的情况下，欠缺果断力的原因就是懒惰。因为，当你有机会去做一个有效的决定时，却没有耐心去花较长的时间做好前期准备工作。

亲爱的孩子，我虽没有看到你工作情绪低落，或发脾气等情形，可是，有时却看到你的办公桌上放着堆积如山的文件。这到底是怎么回事？如果这是懒惰的结果，那么会令人非常遗憾。

如果你能偶尔早一个钟头到达岗位，在其他人还没来之前，或者在很多繁杂事务开始之前，你就能够处理好堆积的工作，那会怎样呢？希望你试试看。

如此说来，我似乎对当机立断有所偏好，确实如此。不过，如果能及时知道所做的决定是错误的，从良知出发，我赞成及早改变主意。比如商业活动，如果不慎进入禁区范围的话，再往前走下去不仅会导致更为混乱的局面，经济方面的损失会更大，所以这个时候就要悬崖勒马。

所以，我给你的忠告是：在做决定时，最好多花点时间，这样你才会获得好的结果；即使碰到特殊情况，也应该有理由可做交代，比如事实或者数字等方面的实验结果等。如果事情不急，还可以将手上的资料经过整理，等待时机成熟之后再做决定。像这种情况虽然延缓了做决定，却能有一个更为稳妥、正确的结果。这种延期决定的情况，是一种自觉性的判断，也可算是一种判断而不是延宕——这两者之间有很大的差异。

第13封信　敢于冒险，勇于挑战

人生每个层面多少都带着一点冒险，健康、人际关系、生意、谋职等都是。冒险并不是做了什么天大的抉择，而是咬紧牙关，不管多么困难，一心要有赢的决心。生活的趣味也就在于此。

生活中到处充满了冒险。有时候你抓住一个机会，希望生活得更好些，不管改变的是生活形态、个人的性格或是人际关系。应该承认这种改变有时未必能取得好的结果，所以这也是一种冒险。如果没有这种冒险，就没有人敢离开家门，没人敢结婚生子，也没人会去开创新的事业。

所有的人或多或少都具有与生俱来的冒险精神。在我看来，最勇于冒险的人莫过于梵姆拉了，他历经了多次大胆的探险，最后在徒步穿过北极的旅程中丧命。当然，你不需要冒如此大的危险。有时候，冒险就是做一点异乎寻常的事而已；可能是换换工作，或者到一个具有神秘感的国家去度假。冒险，即使不怎么惊天动地，对于锻炼一个人的人格也大有助益。人生不如意事常八九，真如意者一二三；平时刻意让自己去应付一些难题，可以让你预习如何去面对突发的状况。如果你从不冒险一试，那你的一生也不过是随波逐流，随时等着大浪来袭把你给打下去。

对我来说，平平淡淡的生活只能带来乏味难受的感觉。偶尔不按理出牌，正好为生活增添新意。年轻人最应该深谙此道；而像我这把年纪的人，多半因为安逸日子过久了，有时会害怕冒险。不过我坚决主张老年人也要不断尝试——虽然我得承认，有时候下了赌注但结果却惨不忍睹，这种事情也时有发生。

有时候很多人对下面的事情表示惊讶：为什么有的人当某项计划失败了，人财物都耗尽的时候，还能保持镇定自若？其实说来也简单，他在此之前冒过一个更大的险，这样的险境与之相比实在微不足道。这次冒险使他领悟到：一项计划失败或许会损失财力，但不至于令自己一无所有。

在我的一生中，我必须承认有些时候也的确会冒出逃避的念头，觉得自己已有了稳定的生活，没必要再去考虑额外的事情，把自己分内的事情做好了就行。可我也知道，存在一点冒险精神，就好像当境遇很不明了时，总还有一点光亮可寻。

我的一个朋友想到一个新的商业机会，把一些老字号的旧产品重新包装后再进行推销，有些老字号的商店也愿意与他们合作，把一些销售得不是太好的产品给他们，于是他们小心地保留原来的商标，再配上耀眼的广告和全新的货品名录，推向了市场。这引起了很多人的注意，在不满意即退货的承诺下，吸引了不少订单前来。于是他们心情大悦，认为稳赚不赔，与多次打交道的银行职员们一一握手，承诺富贵不相忘。

心情愉快地看着货物不断发出，又情绪低落地看着货物原封退回。原来的好心情一下荡然无存。一起损失的还有不少的本金，让在旁的银行职员脸色也很不好看。

对我的朋友来说，这次冒险的经验让他学到了许多宝贵的教训。第一，在生意场上，失败的人永远比成功的人多。所以究竟该如何试验新的冒险计划，而且一旦失败还能维持不坠？那些喜欢拿自己的时间、金钱、事业来冒险的人很快就会学到，深思熟虑的冒险与鲁莽行事之间有相当大的差别，不然他们就注定要失败连连了。

比如他明白的一个道理就是该有足够的资本来支持你的计划，然后你还要有足够的钱做后盾，以防万一计划失败，你不至于周转不灵。换句话说，只做你输得起的投资。

我还注意到许多做得有声有色的商人，他们还奉行第二条金律——分散投资于不同的产品和商店。这看起来非常保守，不是吗？但这是避免破产的最好办法。

人们往往在他们觉得很好的投资上过于贪心，因而把太多的鸡蛋放在同一篮子里，超过了他们能承受失败的程度。有时候他们押对了宝，但多数情况下则是看着自己的心血投入后就变得一钱不值，收获的只有五内俱焚。

在经商上还有一个颠扑不破的事实：不管一个新产品或服务的想法有多棒，做起来没有一帆风顺的。

我还有一个朋友，他的第一个扩大经营的计划是经过仔细盘算的，在此前的五年时间里，他的工厂每年业务都在增加。于是他认为应该适时扩大经营了，于是贷了一大笔钱，搬到一个全新的厂房，里头安装了全新的机器设备，单等着账上的盈余节节攀升了。

谁知一年之内，他的五个主要客户中的三个——差不多占其业务量的50%——都不见了，虽然错并不在他。其中两个被别家公司挖了墙角，另一家把生产移回美国的母厂。最糟糕的是,在这个节骨眼上碰到了通货膨胀,他的工厂和业务都遭到了极大的损失。他虽幸免于难,不过差一点就遭灭顶之灾。

瞧瞧他的失败记录,他还能生存下去么?不过他自己说得好,每次失败前,他都作了承受失败的准备,并让自己永远有新的策略来亡羊补牢。

所以要做某一项工作,最重要的是在开始之前学习经验。如果没有经验,你两三下就会被别人打出界外了。不要随随便便就开始一个你不熟悉的新事业,除非有很老练的人在你手下。而即便这样,要把一个事业做起来仍然不容易,这也可以推断新手要成功的机会有多小了。

我还记得一个机灵的年轻人,想要自己开一家车辆经纪公司。他知道自己缺乏经验,所以他在一个大经销商那儿找了一份工作。他不仅不用花自己的钱学经验,所犯的错误还可由老板来承担。他很快就摸熟了这一行的窍门,不必像自学的人得摸索个老半天还不能出师。三年后这个年轻人离开了那家公司,口袋里装满了抵押借据与贷款,开始他自己小小的事业。不到两年,他就成为一家很大的车辆制造商的指定代理,从此一路意气风发。

他曾经告诉我,他的第一个工作不仅为他提供学习经验的机会,也让他确信早年所梦想的事业真的适合他自己。这一点是许多人没能事先觉察的,以至于待在一个自己并不喜欢的事业上,痛苦多年又白浪费了好多钱。

坚持到底就是能冒险尝试与不被失败击倒的最重要条件。如果你是那种轻言放弃的人,那么请小心点,你的新事业很少能一帆风顺,你需要有强大的"坚持不懈"的精神,来度过工作上那段新手入门的日子。

人人都知道,再也没有一个工作比自己当老板更好,但坐在这个位子上,你却必须要时时得有承受风险的思想准备。这就好像驾驶着船只进入没有航道的水域,你除了全力以赴还要做好这次不成下次再来的准备。事实上,这种下次再来的情况,对大部分人来说都不止经历过一次。这种经历就是经验。不管开始的时候困难多么巨大,艰辛的生活如何漫长,你都只得想尽办法让自己走下去。经历了第一次失败，你要有从头再来的决心。

我母亲只知道自己应该可以过好一点的日子，但她并不确定该如何达成，只不过她有勇气去尝试。她存了两千元以备失败之需，我父亲常称赞她的勇气，"比我还强！"他这么说。

人生每个层面多少都带着一点冒险：健康、人际关系、生意、谋职等都是。冒险并不是做了什么天大的抉择，而是咬紧牙关，不管多么困难，一定要有赢的决心。生活的趣味也正在于此。

天啊，如果没有冒险，我可能就是那个在无聊的农场里讨生活的第三代农民，更糟糕的话，我的孩子可能就成为第四代农民了。

第14封信　如何使自己具有说服力

这个世界就是如此。我们宁可选择轻松的听讲，却不愿从演说中获得知识。聆听教诲，本来就不是一件赏心悦目的事。因为，那就好像被人当面指责为无知一般。要演说的内容能够顺利地进入听众的耳朵，受人们的赞赏，首先就必须投听众所好。

今天，我想谈谈我向上议院提出，将儒略历改为格里高里历之法案的事。我想这件事应该能为你从及相关事宜时提供参考。儒略历，是一种比太阳历多十一天的不正确历法，这是众所周知的事实。教皇格里高里十三世将儒略历加以修改，于是格里高里历立刻为欧洲天主教势力所接受，除了俄国、瑞典与英国之外，欧洲诸国均成了新教徒势力范围内的国家。我认为，在欧洲的主要势力已经纷纷采用格里高里历之际，我国依然采用错误很多的儒略历，是相当不明智之举。除了我以外，还有许多经常出国的政治家及贸易商，对儒略历也感到不便或不适应。所以，我觉得英国的历法应该修改，并且应下定决心，付诸行动。

下面向你介绍我为重新改写一国历法所作的努力。

首先，我得到几位国家一流水准的优秀法律学者与天文学家的协助，我们针对旧有历法的不便之处提出意见，并就改用新的立法拟定法案。这真是一项苦差事，法案里写满了各种拗口烦琐的法律术语和天文学上的计算方式。而对于这两门学科均属外行的我，却要提出这个不属于自己学识范围的法案。为了使法案通过，我除了得让议会的同人知道我对法律及天文学多少有点了解之外，还得让那些和我一样对此事不太了解的议员们，也对此事有概略的认识。

就我自己而言，介绍天文学的知识或者使用吉鲁特语或斯拉夫语，都不太费力；可是，对我的那些议员同人们来说，他们对于艰涩的天文学术语必然不会有多大兴趣。于是，我决定放弃使用专门术语说明学科内容的方法，换用通俗而有吸引力的方式，让他们倾听接受。演讲中，我介绍了从埃及历法到格里高里历的发展过程，加上偶尔穿插其间的奇闻逸事，作了有趣的描述。我利用词汇、文体、说话技巧与手势，吸引了议员们的注意力，这一招果然奏效。接下来再引入主题，这种方法果然取得了很大成功。

在作了那些故事性的描述之后，议员们已经初步了解了历法的演变，颇有趣味的内容吸引了他们的注意力，让他们仔细倾听了我所说的内容。尽管我并未作任何科学上的说明，当然我也并不打算那么做。

在我简要说明之后，该是促使该法案形成的幕后功臣，也是在草拟法案时出力最多者——欧洲排名第一的数学家马格列斯菲尔特先生所作的专题演讲。然而，他的说话方式似乎并未赢得认可，反而是尽说些与科学没有多大关系的我，赢得了一致的赞赏。因为我知道听众要什么，而马格列斯菲尔特先生则不太明白。

你可以想象，一个向你搭讪的人，如果有难听的声音、奇怪的顿挫，而且遣词用句毫无章法、说话的顺序也错误百出……别说是要你倾听他谈话的内容，就连注意他的念头，也会就此打消。若换是我，我绝对会那么做。而对那些说话方式令人产生好感的人，不仅听他谈话津津有味，甚至还会对他的人格着迷。

有了这样的感受，你就会明白，为了使你的说辞更为有力，有充实的内容，其他的部分同样不可忽视。如果你认为仅仅把你想要表达的内容说清楚了就行，不需要任何修饰，只需要条理分明。而你又想凭此进入政界的话，那你就大错特错了。

在众人面前发表演讲时，除了内容之外，是否善于表演和表达，也是决定人们对你评价的重要因素。无论是在私人聚会，或在公开场合欲说服听众，想抓住人心最重要的，除了内容之外，就是说话者的态度、表情、姿势、发声的方式、强调何种重点以及抑扬顿挫等细节，都有讲究。

在我的心目中，皮特先生与斯特曼的伯父，也就是现在的司法部长密勒先生，是我国最顶尖的演说家。除了这二位，再也没人可以使英国的议会安静下来，使激烈的争论平息。他们两位的演说，具有一种足以使骚动中的议员保持安静，专心一意地侧耳倾听的力量。如果有心，你不妨在他们任何一位演讲时去看看。整个会场安静得连一根针落地的声音都听得见。为什么他们两位的演说具有这么大的力量呢？是内容特别精彩，还是理论的使用很扎实呢？

我也是他们的演说迷之一，经常在听完演讲回家后，仔细回味分析。然而当我逐字逐句地回想时，却意外发现他们有的谈话几乎毫无内容，主旨也多半缺乏说服力。换句话说，他们只不过是借着外表的修饰来吸引听众。

条理分明，却不加任何修饰的说话方式，在两三个情趣相投者的私人聚会时，也许能够达到说话的目的。不过，在以多数人为听众的公开场合，却不适用。

这个世界就是这样。我们宁可选择轻松地听讲，也不愿从蹩脚的演说中获得知识。聆听教诲，本来就不是一件赏心悦目的事。因为，那就好像被人当面指责为无知一般。要演说的内容能够顺利地进入听众的耳朵，受人们的赞赏，首先就必须投听众所好。

第15封信　忍耐力的培养

从心理学角度看，忍耐力是坚强品格的核心表现。那些善于控制自己情绪的人，往往容易取得较高的工作成就，也容易营造出良好的人际关系。一个人生活得越是轻松快乐，这个人就越是善于驾驭自己的情绪。隐忍克制并不是懦弱胆怯的表现，恰恰相反，它是心怀远大志向、善于自我克制的象征，是可以驰骋于各个领域、各个战场的优秀者所必备的内在素质，是一个人有修养、有内涵的表现。

亲爱的儿子，在你7岁那年，我曾给你讲过一个故事。

一只老虎和九只狐狸共同猎食。它们合作了一整天，共捉到十只小猎物。老虎对狐狸们说："我看，我们得去找个英明的人，让它来给我们分配这顿美餐。"其中一只狐狸马上接着说："每人一只就很公平，不用去找什么英明的人。"老虎听了很生气，立即把那只狐狸扑倒在地。其他的狐狸都吓得不敢出声，只有一只狐狸鼓了鼓勇气，对老虎说："不！不！刚才那位兄弟说错了，我们应该给您九只小动物，这样您和您的小动物加起来刚好十只，而我们九个，再加上分得的一只小动物也正好是十只。这样两边就都是十只了，这样才公平。"老虎这才满意地点了点头，和气地问道："你真聪明，你是怎么想起这个分配方法的?"那只狐狸诚恳答道："就在您冲向我的兄弟，把它打倒在地的那一瞬间，我就想出了这个主意。"

这个故事告诉我们，当你的力量弱小，无法与对方抗衡，而你们双方利益又发生了冲突时，你就要审时度势，适当地放弃自己既定的想法和利益，宁可受一些损失，也要保全自我，以往持长远利益着想。

要知道，生活中到处都有激烈的竞争，到处都是你争我夺与弱肉强食，残酷异常。很多情况下，人们都会遇到不公平的事情。面对这样的情况，有人难咽那口气，于是为了眼前的一时之快，就把局面弄得不可收拾。结果他们不仅失去了眼前的利益，其后更大的利益也因此受到损害，而且这种损害，多半是无法弥补的，很多人事后想起来都后悔莫及。而有些人，则有足够开阔的心胸，即使真理确实在他们一边，即使要损失一些眼前的利益，他们也会审时度势并采取忍耐的态度。这种人往往眼光足够长远，心胸足够开阔，他们比较容易取得最后的胜利，成为优秀的后来居上者。

从心理学角度看，忍耐力是一个人坚强品格的核心表现。

那些善于控制自己情绪的人，往往较容易取得较高的工作成就，也往往容易营造出良好的人际关系。一个人生活得越是轻松快乐，这个人也就越是善于驾驭自己的情绪。必要的隐忍克制并不是懦弱胆怯的表现，恰恰相反，它是心怀远大志向、善于自我克制的象征，是可以驰骋于各个领域、各个战场的优秀者所必备的内在素质，是一个人有内涵修养的表现。

如果一件事情让你很喜欢，那么做起来也会自然轻松愉快。在做这样的事情时，你可以自发自愿地就把自己的热情投入进去。但若要你去从事一项令你不快的、讨厌的，而因为某种原因你又不得不去做的事，却是需要勇气和耐力的。如果你能够每天怀着坚强勇敢的心，努力鼓起勇气和热诚，去做你所不愿意、不适应、不想去做的事，去从事你内心反感而又不得不干的事，长此以往，就真的如英雄一般了。

一个人步入生活，如若没有坚持奋斗的勇气，百折不挠的忍耐精神，是不能成就大事业的。懦弱、意志不坚定、忍耐力不强的人，既无法容忍随时会来的苦难挫折，也不能得到他人的信任与钦佩。只有那些意志坚强的人，才能突破磨难，突破自我，从而得到大家的信任。

我有一位朋友，在刚开始创立自己的事业时，曾雇用了一位老人作为负责人。这位老人70多岁了，有着丰富的管理经验。他总是保持愉快的笑容，每天早上总会第一个到达。当时，我的朋友刚开始创业，自然会遇到许多不顺心的事，而他本人也总是被这些事情搞得焦头烂额、心烦意乱。这时的他，总渴望有人给他以安慰。于是，他便将心中所有的不快全都告诉了那位老人，令他万万没想到的是，那位老人只简单地说了一句："呵呵，是嘛！这种事很正常的！往后兴许还会有更糟的呢。"每当这个时候，我的朋友多半沉思良久。多年以后，当他成功了以后，他还会经常想起老人这句意味深长的话。

其实，只要冷静下来仔细想想就会发现，世上万事莫不如此，当人们遇到各种困难时，总觉得自己已经是世界上最不幸的人了，再也没有人的苦难要胜过他自己了，所以他会抱怨命运的不公，抱怨别人不给自己机会。其实在很多时候，你只要采取忍耐的态度，许多困难就会迎刃而解，而年轻人往往缺乏的就是这种超强的忍耐力。因此，为了迎接人生的挑战，忍耐力是必不可少的。

无论发展到什么阶段，意志坚定的人总能找到属于自己的位置。人们也总相信那些百折不挠的人，因为他们能坚持，能忍耐，意志的坚定能产生出真正的信心来。

如果一个人能够做到无论在什么情形下，总保持坚强的意志，那么，这个人就已经具备了"成功"的条件。

第16封信　别成为一个"空有骨架"的人

如果结构不牢，就不能成就优秀的建筑；但若是缺少了这些必要的装饰，再牢固的建筑也只不过是一栋粗糙的建筑罢了。只有结构牢固和装饰完美的结合，才是堂皇完美的建筑物。

孩子，你知道么，在所有建筑种类中，最为坚固的是托斯卡那式建筑。但令人遗憾的是，托斯卡那式建筑看起来却是那样的粗陋、庸俗。因此，托斯卡那式建筑没有得到广泛的认同。事实上，如果仅从坚固方面来衡量，托斯卡那式建筑是最理想的，但要说到美观，它就要大打折扣了。想象一下，如果在托斯卡那式的地基上建满托斯卡那式建筑，感官效果会如何呢？也许没有人会停留目光，驻足观看或入内参观吧！因为人们总是自然而然地以为，外观如此庸俗、煞风景的建筑，内部装饰还能高明到哪儿去呢？

如果我们换一种设计方式，即在托斯卡那式的地基上，树立起雄伟、简洁的都利亚式建筑，柱头呈螺旋状的爱奥尼亚式建筑，纤细华丽且柱头上有莨苕叶形装饰的哥林多式柱子的建筑，必会令许多人眼睛为之一亮吧！

即便是那些对建筑全无兴趣的人，也可能会情不自禁地目眩神迷，就算一个毫不相干的人路过，想必也会驻足观赏。因为，雍容华贵的建筑群必然会使人们心中油然生起欣赏的念头，甚至会化为实际行动。

孩子，你的小身体如今也树起了构架。今后，在保持它结实的前提下就得考虑如何赋予其华美的装饰，这也是我最关心的事。在我看来，你应该多学一些优雅风度和才艺，这些都是华美装饰的内容。

如果结构不牢，就不能成为优秀的建筑；但若是缺少了必要的装饰，再牢固的建筑也只能流于粗俗，不值得欣赏和驻足。只有结构和装饰的完美结合，才能盖出堂皇的建筑物。

关于如何修炼你的外在美观，我想给出两点意见。

1. 磨炼吸引他人目光的能力

比如说吧，有两个男人，一个知识、教养丰富，言谈举止温文尔雅，彬彬有礼，在与人交往时，进退应对十分得体。在和其他人打交道时，他尽情地展现自己的魅力，如此，往往能赢得大家的赞赏，总会给人留下良好的印象。

另一个知识丰富、判断力正确，不像前一个男人那样让人注目。那么，我们来评判一下，他们之中哪一个更能在纷繁复杂的世间成就一番事业呢？

在我看来是前者。因为，要打动那些大约占全人类四分之三的、算不得十分聪明的人们的心，往往必须凭借高雅的举止和华丽的外貌。因此，那些佩戴装饰品的人们，往往就能将那些不加修饰的人玩弄于股掌之间。

对于言行高雅的人来说，不必去深入地了解那些不太聪明的人，举止文雅、言语得体，再加上适当的应对方式，便足够了。

2. 保持一贯的言行、举止

想象一下，如果和你交谈的是一位畏缩胆怯、索然无味、举止散漫、说话慢吞吞、声音细小、结结巴巴，而且心不在焉的人，你会有什么反应呢？多数人会有厌烦的想法。所以说，推己及人，你要想抓住人的心，首先要使对方眼见、耳闻，都能达到赏心悦目的效果，才能占据其心灵。换句话说，就是要"保持一贯的言行举止"。即使是同一个人、同一件事，举止的高雅与否，留给对方的感受都有天壤之别。如果一个粗俗不堪的人站在你对面，不管你了不了解他，哪怕你知道他有某一方面的特殊才华，相信在你的内心深处，没准儿也会排斥、拒绝他。

相反，如果一个"伪君子"站在你的面前，他举止得当、温文尔雅，所作所为撼动了你的神经，让你对他产生了好感，那么，在你不知道他底细的情况下，你会有什么样的态度呢？我想你一定会心动，并对其产生良好的印象吧！

人们为何会被一个人的言谈举止深深吸引，那是因为有一种难以用言语形容的感觉在发挥了作用。这种感觉的产生，在人的一举手、一投足中。这些简单的动作，可能瞬间捕捉了他人的心，使人再也无法将目光移开。我们来打个比方：一块黏土是表现不出美感的，但若把很多不同颜色的黏土加以粘贴，便会呈现出一幅美丽的图案。

一直以来，我都认为以下这些是可以捕捉人心的要素：温文尔雅的身姿，干净利落的装扮，剪裁适当的服装，清朗明亮的语调，开朗大方的表情，以及迎合对方的明确的说话方式。当然，除此之外，还有许多。

第三章　道德情操

孩子，青春是最富有激情、最具挑战的时期，良好的道德情操则是每个成功的人士所必备的品质。我希望你能做一个诚信的人，无论是在家庭中、在朋友面前还是在工作中，真诚待人，真实诚信，这是迈向成功的第一要务。我希望你能做一个博爱的人，胸襟开阔，待人热情、友善，并乐于助人，博爱的人可以在人际交往中永远处于不败之地。希望你能尊重别人，尊重别人的自尊心，学会客观地评价周围的人和事，时刻保持谦虚谨慎的态度和助人为乐的心态，充满朝气、精神饱满地去面对新的生活与挑战，做一个受人欢迎的、令人愉快的、有教养、有魅力的人。

第17封信　诚信是为人之本

孩子，记得你向我承诺过生活、事业的目标，承诺自己一定会承担起上帝赋予的责任，做一个受人欢迎的、令人愉快的、有道德、有教养、有魅力的人。

在我看来，诚信是一种非常优秀的品格，是人类文明大厦的坚固底座，是上帝赋予我们的责任。它如同一件漂亮的外衣，能够美化你的外表，增加你的人格魅力。而背离诚信违背诺言的行为，是有损一个人的名誉和缺乏道德的行为，是可耻的。

如果一个人背弃诺言，违背诚信的基本准则，就会失去他人的信任。诚实乃宗教和道德的第一要义，不诚实的人，连上帝都会摈弃他。如果一个人不守信，当真正的危险和机会来临的时候，没有人会再相信他、帮助他。

孩子，还记得吗？在你小时候，我和你妈妈常给你讲《伊索寓言》里的故事。也许那时候你还不太明白其中的寓意，只把它们当作生动、有趣的故事来听。这是因为你还没有经过世事的磨炼。孩子，我想你一定还记得那个《牧童与狼》的故事吧！牧童在经过数次撒谎，失去所有朋友的信赖之后，终于付出了宝贵的生命。这个故事是对"说谎的代价"的最好诠释。

孩子，记得你向我承诺过生活、事业的目标，承诺自己一定会承担起上帝赋予的责任，做一个受人欢迎的、令人愉快的、有道德、有教养、有魅力的人。那么孩子，做一个诚实守信的人吧！

你首先要明白，你的亲人是你的最宝贵的财富，在与他们的交往中，你必须坚持诚实、守信的准则。试想一下，在我们的家庭中，如果人与人之间还相互欺骗、隐瞒的话，那么我们这个家还有温馨和幸福可言吗？当你在外面遇到挫折，灰心丧气回来的时候，你还能从父母亲人那儿得到理解和安慰吗？

在与朋友的交往中，诚信同样最重要。朋友是你在工作和生活中遇到的一些志趣相投的人，你们因某种机遇而成了伙伴，相互扶持，彼此帮助。要知道，茫茫人海中，每个人都只能是弱小的一分子，不管什么时候，你都会需要别人的帮助，而这时你就需要朋友，能帮你的往往就是你的朋友。而如果你和朋友之间每每存在不诚实、不守信的事情，他们还会在你需要的时候出现在你的身边么？所以，和朋友相交，你必须信守诺言，一旦答应别人的事，就一定要尽力完成。

在你所从事的事业中，诚信的作用更是不可估量。看看当今世界上有着悠久历史的大企业，无一不是把诚信作为生存之本。"无商不奸"只是说商人最终是以利益为目标的，却并不能抹杀了商人更需要诚信这一原则。

以我这些年的经验看，要想成功，必须具有自己的原则，按照原则为人处世，坚定不移地走下去。我要强调的首要原则还是诚信。不管是哪个行业，都有自己的规则，你要想在这个行业中生存、成功，谋取一席之地，就必须遵守这个行业里的游戏规则。这就是诚信的最好体现。

很多人都认为欺骗手段能获得好处，这些人自作聪明，总把诚实的人看作傻子。他们的确能在一时一地取得一些不道德的利益，也许还数量巨大。但是孩子，我要告诉你的是，千万不要因为这个就怀疑诚信的价值。那些人鼠目寸光，只看到了眼前的蝇头小利，而没有考虑到长远的、巨大的，乃至国家和民族的利益。他们的欺骗行为最终也抹去了他们的人格与尊严。所以你要记住：不要做《牧童与狼》中的那个牧童。不要因为一时的蝇头小利而离弃诚信的原则。你要把这个原则系在你的脖子上，刻在你的心里，因为上帝时刻在注视着你。

第18封信　在善良、宽容、博爱中成长

生活中的每个人都是复杂的个体，都有独特的特征和个性，也都有着与旁人不同的为人处世的原则。而在现实中，许多人都怀着非常狭隘的心态，总想拿自己的标准、原则去衡量他人，尤其是当他人的行为与自我的标准、原则发生冲突时，就认为他人是错误的，于是批评、指责甚至怨恨别人。

一个优秀的绅士要在激烈的竞争中取得胜利，成为一个功成名就的人，就得适应不同的生活，应对各种挑战，这就要求绅士们首先要有一个良好的心态。从我这么多年的生活经验来看，最重要的要数善良、宽容与博爱了。

善良是维持这个奇妙世界运转的力量之一。我们从来都教育你，与人为善是待人接物的重要准则。你小时候，妈妈就给你讲过一个善良的人遇到天使化身考验的故事。天使设计了各种事件来考验善良的人，而善良的人总是一心一意维护天使。最后天使被感动了，帮助善良的人实现了他的愿望。

这是一个美好的故事，可是我们都知道，孩子，在现实中天使并不存在，也不会设计什么机会来考验你。如果说有考验的话，我认为生活中任何事情都是对我们的考验。所以你做的每一件事情，都能够体现出你的心灵状态。所以你一定要时刻记住，用善良的心去对待别人，只有这样，别人才能用同样的态度对待你。

宽容也是绅士应该具备的一种品质。哲学家罗素曾经说过："青年时期是豁达的时期，应该充分利用这个时期培养自己豁达的性格。"

人性中伟大的胸怀、洒脱的态度、最高尚的境界之一就是宽容。

有一颗宽容的心，能够包容别人的错误，能够尊重别人的看法，能够跨越宗教信仰、种族观念，永远对事物表现出冷静客观的态度，才能得到别人的认可和信任。只有先接受了别人，才能让别人接受自己。

每一个人都和其他人不同，都是独一无二的个体，都有自己独有的特征和个性，在思想、性格、处世方式和原则上都与他人不同。这样，要想人与人相处和谐，就不能用狭隘的心态去看待他人。如果强行用自己的原则、标准去衡量他人，而且在他人的行为与自我的标准产生冲突时一味认定别人是错误的，这都是不可取的。

这些人都是以自己为中心，不考虑他人的感受。我们生活的世界中，每个人都是优点与缺点共存，美丽与丑陋同在，都不是完美的。所以，在人与人的交往中，我们要学会宽容，学会发现别人好的一面。你要明白，我们自身也不完美，别人也可以指责我们的缺点和错误。

伟大的斯威夫特，和许多孤僻、不容易相处的人都是很好的朋友。一些人对此无法理解，他们经常带着诧异的目光问他："真搞不懂，那些言谈奇怪、孤僻、与我们格格不入的人，你是怎么忍受，并和他们和睦相处的?"斯威夫特总是笑着回答说:"与人相处,贵在'求大同,存小异'。其实,他们的本性和我们都是一样的,只不过在一些生活细节上有些怪异罢了。只要他们本性是正直、善良的,我们又何必要苛求细枝末节的一致呢?"

最后,咱们来谈一谈博爱。爱除了有亲情、爱情、友情之外,还包括其他许多重要方面。爱一切人、一切物,乃至你的敌人,这种伟大的爱就是博爱。人类就是因为有了这种伟大的爱而变得更加庄严神圣的。

人只要有了一个正确的方向,在博爱的支持下,就没有什么做不到的。博爱的人胸襟开阔,待人热情、友善,并乐于助人;博爱的人能够在人际交往中永远处于不败之地。这不仅是一种社会的伦理要求,更是一种能让人生幸福快乐的法则。无私的爱与奉献才是人类存在、世界美好的根基。

让世界变得更美好,是所有生活在这个世界上的人的共同愿望。那么,就让我们大家都有一颗博爱之心,用爱去呵护这个世界吧。只有博爱,才能让我们的生活变得美丽如天堂。"仁慈与博爱的业绩万古长存",可见,在人类所有力量中,博爱的力量是最伟大的。

敬爱的查理·詹姆士,拥有着仁慈宽厚的心灵和一颗博爱的心,这颗心能容得下世界上所有的苦痛。支持他可以在那么艰苦的条件中奋斗,并保持着执着的追求,为我们的国家及人类的进步献出他宝贵的生命。正因为这样,他才能用正义和善良的心去化解一切不幸,才能在一生痛苦和坎坷的情况下,在难以忍受的磨难中成长为时代巨人。

第19封信　不要失去自尊心

自尊心是我们的空气,是我们幸福不可或缺的元素。自尊和生命共存,一个人如果没了自尊心,那几乎就不能说他还算是活着。这就是自尊心极端重要性的价值。

我听说你期待已久的宴会已经结束了，而你也度过了一段愉快的时光。不过遗憾的是，我也听说那场宴会居然成为了你的朋友——还是最近新结识的一位朋友——出丑的场所，这不能不说是美中不足的事情。虽然他的做法给大家带来出乎意料的惊喜和快乐，有值得赞赏的一面。但在我看来，降低自己的品格，不顾自己的自尊，去愉悦别人，把自己当作别人取乐的小丑，即使给别人带来了欢愉，也是不可取的。遗憾的是，你朋友的表现属于这一类。

在这次宴会上，你这位朋友的表现无疑是有些哗众取宠。他所玩弄的小把戏，想必自食恶果了。就像你所说的，原本指望能成为宴会的焦点，现在却弄巧成拙，反而给自己带来了耻辱。相信由于这件事，也使得你的这位朋友威信扫地。

很多事情往往就是这样，我个人可能是一时的愚昧和糊涂，或者出于别的什么心理，做了事与愿违的事，以至于事后感到羞耻和自责，少则几天、几个星期，多则几个月，都使他深陷其中，不能自拔。不过让我欣慰和庆幸的是，你在这个宴会上的表现还算得体，保持了自尊，没有破坏自己在朋友心中的形象，为此，我感到骄傲。同时，我也希望你今后在任何时候，都能像这次这样，把自己的自尊放在首位，像珍惜自己的生命一样去珍惜它。只有这样，才能使别人对你抱有尊敬之意。在我看来，自尊心恐怕是这个世上最值得珍重的宝物了。只有受人尊敬，你的道德情操和价值观才能被众人所推崇。

不管什么时候，人们总希望自己的想法、观念被别人接受。这点在青年时期，由于个人发展没有相应的魅力能够得到众人认可，不能自由地抒发自己的意志，于是往往在这种想法的驱使下，做出一些不好的行为。

比如，有的人，就会像你的这位朋友一样采取哗众取宠的办法来吸引大家的注意。这就是缺乏吸引人能力的表现，只能通过投机取巧的方式来达到目的。这种行为是笨拙的，尽管有时说起来，也有可爱的一面，因为他是想让别人接受他，才会有这样的行为表现出来。但是，当他醒悟过来，就会感到自己浑身不自在，因为连他自己也意识到了自尊心的丧失。

现在的环境是有了很大的变化，但是对于年轻人来说，无论在什么时候，有一点是无可置疑的，那就是青春是最富有激情、最具挑战性的时期。因此，希望你勿忘罗马皇帝马克斯·奥勒留的训诫："被你毁了的合同或丧失掉的自尊心，不能期望为你带来任何利益。"

自尊心是我们的空气，是我们幸福不可或缺的元素。自尊心与生命共存，人活着如果没有了自尊心，几乎就不能说他还算是活着。这就是自尊心的价值。

第 20 封信　暴露别人缺点的同时，也暴露了自己的缺点

心地善良、人格高尚的人不会以暴露别人的弱点或不幸为乐趣，更不会在公众面前模仿他人的短处。

我们周围，有许多愚笨的、甚至一无是处的人。对这些人，你大可不必心怀敬意，如果你这样做了，就是好坏不分。这样，从另一方面暴露了你自己的缺点，说明你降低了自己的层次，把你的知识和修养降落到和他们差不多的水平，这是我不愿意看到并且会坚决阻止的。但是，即便是对这样的人，你也不应永远流露出轻蔑。也就是说，你尽可以在心里随意讨厌任何人，但是没有必要把你的感觉描述出来，并让对方清楚地了解。你这样做，并不是你怯懦，而更可以算是一种有内涵、识大体的做法。再说呢，说不定到了未来哪一天，你还需要借这些人的一臂之力呢！如果你曾经在言语或行为上对对方不尊重，我想对方即便再宽宏大量，他也未必会愿意帮你的忙的。

在我看来，在这个世上凡事都有原则。如果说你无意中损害了别人的利益或别的什么，那还是可以被原谅和允许的，不知者不为怪。但是如果你是故意去羞辱别人，伤害别人自尊，这是绝对不能被接受的。每一个人都有自尊心，所以不管你多久以前曾经侮辱过他，对方都会耿耿在心。

比如说吧，有时候我们在极力掩饰自己的缺点或过错，可是有人却毫无顾忌地谈论此事，让你在众人面前无地自容。这对你来讲，一定是一件难以忍受的事。我们都知道，在我们背后经常会有人对我们提出种种批评和指责，甚至还有谩骂，但是只要这些没有被摆到众人面前，我们还是能够忍受的。但是，如果有人当面毫不留情地斥责我们，即使是至亲好友，我们也仍然很难接受。一方面你是不愿意让对方发现你的弱点和错误；另一方面，不管是你说别人，或者是被别人所说，都会使自尊心受到很大伤害。

　　不管任何人，只要有一点点受侮辱的感觉，都会感到非常愤怒。所以，除非你想一辈子与对方为敌，否则即便是对方的行为举止让你忍无可忍，你也应该保持和蔼的态度，而不是随意流露出轻蔑的态度。

　　但是，看看我们周围的人吧。也许是为了表现自己的优越感，也许是想讨好四周其他的人，他们乐此不疲地指责别人的缺点，暴露别人的短处。对这种行为，我是非常痛恨的。在我看来，任何人都不应该，也没有权利这么做！或许你在模仿别人短处的时候，确实会博取哄堂大笑，但是，在赢得欢笑声的同时，你已经替自己树起了一个一辈子的敌人。而且即便是现场大笑的朋友，当时可能会觉得你的滑稽表演好笑，但是他在笑过之后，回想起来，一定会感觉不怎么好，甚至对你的人格会产生看法。因此，你将为你的这种轻率举动付出很大的代价。

　　心地善良、人格高尚的人不会以暴露别人的弱点或不幸为乐趣，更不会在公众面前模仿他人的短处。

　　如果你是一个聪明人，你应该懂得采取既不伤害他人，又可以使大家感到愉快的方法。

第21封信　不要以自己的价值观去衡量整个社会

　　每个人都有权按照自己的思考去行动，每个人都有权利怀着自己的追求去行动，这是无可指责的。这才是一个正常社会的标准。

　　这个世界上，有很多不明事理、不能明辨是非的人，如果你要去和他们讲道理，那是多半行不通的。对此，我们只能为他们感到惋惜，既没有必要去取笑他们，更不能去责备他们。如果你真的有心想去帮助他们的话，就应该多去关怀他们。并且，你可以在尽可能的条件下，通过与他们面对面交谈，为他们引出一个正确的思考问题的方法来。这样才是正确的做法，故意取笑或责备对方，则是不可取的。

　　人们往往都按照自己的想法行动，每个人都希望事情能按照自己的意愿去发展。但是，如果有一个人非要认为每一件事都得依照自己的想法去进行的话，他就不仅是一个性情固执的人，简直是一个傲慢的人了。

　　每一个人都会认为自己是正确的，但是，到底谁才是最正确的，这个问题不能仅仅从自己的角度来评判。所以，如果因为和自己想法不同，就认为对方是傻瓜；因为和自己的追求不同，就认为对方是个无可救药之人，甚至加以迫害，这种做法实在叫人难以苟同。

　　每个人都有权按照自己的思考去行动，每个人都有权利怀着自己的追求去行动，这是无可指责的。这才是一个正常社会的标准。

第 22 封信　客观地评价他人

人类并非如你们这些年轻人所想象，是多么理智、理性的动物，多数情况下，人类的行为也常常被情绪所左右，所驱使，当变故袭来时，更是会瞬间分崩离析。

年轻人评价人和事的时候，由于不了解事实真相，往往会得出不恰当的结论。不过随着逐步成熟，经验丰富，思维缜密，则对人类的评价反而会更低。

人类并非如你们这些年轻人所想，是多么理智、理性的动物。多数情况下，人类的行为也常常被情绪所左右，所驱使，当变故袭来时，更是会瞬间分崩离析。

大家都知道，有些被称为有才干的人，往往未必一定有真才实学。所谓的"有才干"，多是相较其他人而言，或者长处多一点，因此显得出类拔萃。这些出众的人物能够通过较强的自制力控制自己的缺点，所以才在众人面前脱颖而出。此时的他们善于运用理性控制自己的行为，然后再用自己的行为引导众人，最终巧妙地控制他们的情感。在这些方面，他们的做法能够臻于完美境界，而且万无一失。

所以，那些所谓的伟人、完人，有缺点是肯定的，只不过他们的缺点不易被人发现，或者往往存在于某些隐蔽的地方。比如伟大的布鲁塔斯·马卡思，曾在马其顿假扮小偷；法国的主教亚曼·黎塞留为了获得人们对他的诗的更高评价，曾辛苦模仿名作；玛鲁帕拉公爵更是处处显示出其吝啬的缺点。

你若想更加深入地了解人性，建议你研读拉罗什富科公爵的书《格言集》。在我看来，世上再也没有哪本书对人性的描绘能比得上它。我希望你能够每天阅读这本小册子，等你完全研读这本书后，相信你对人类的评价就不会那样不客观、不理智了。我事先声明，这本书并不是简单地污蔑人类，而是尽量客观判断人类的优缺点。

在如何评价他人的问题上，我还要提示你两点：

1. 珍惜年轻人的朝气，常保持畅快的心境

你的许多同龄人，常常精力过盛，却又没有正确的途径可以发泄。如果他们不能被引导到正确的轨道，就容易误入歧途。要把他们引导到正确的轨道上来，针对他们鲁莽的个性单纯的劝说并不能很好地发挥作用。

大家都知道，年轻人朝气蓬勃，乐观向上，优点很多，不过，也有着年轻气盛、易于冲动的缺点。如果能在行事上多几分谨慎和谦虚，则必会受到大家的欢迎。青年做事不过于武断，充满朝气、精神饱满的形象更能打动对方的心。所以，我希望你去除年轻人身上常见的那种浮躁之气，常葆有心情的活泼开朗、永远朝气蓬勃，在人群中经常呈现精神饱满的一面。

你应该明白，并非你所认识的所有人，个个都在个性上有着统一的标准。所以，你也应该依循前述方法，谨慎地了解自己朋友的性格；同时，也可以径直来审查你所面临的处境，这样你才能全面地掌控自己的言行举止。面对彼此交往的人，你不仅要称赞大部分人的优点，也要善意地批评那些乐意接受批评又有某种缺点的人。虽然这也许是老生常谈，对方也可能误认为是对他而发的赞赏，并会窃窃自喜。

2. 视惨痛的失败、挫折为绝佳的教训

人们喜欢留意他人对自己的评价，借以估量自己在他人心中的位置和形象。这种现象在你加入某个团体时表现得尤为明显。看见三五成群的人在窃窃私语，所有人都会下意识地认为自己是别人谈论的对象。此时，如果你听到某些自己理解不了的话语，抑或是人群中发出的笑声，就会神经质地以为他们是针对自己的议论。

《谋略》中有句有关此等心态的鲜明写照，作者如此写道："笑得那么大声，显然是在嘲笑我。"其实，这种心态是完全没有必要的，也完全是能克服的。你要抛开各种世俗观念，遇到挫折要经得起考验。通过这样长久的忍耐，你必然能够洒脱地融入卓越的群体。

还有一个改正自己缺点的办法，就是求助于朋友。每当经验不足的你

做事过分或有失礼貌时，请求与你关系最亲密的五六个人，毫不客气地提出你的缺点，并严加指责。对于朋友的责备和教育，你应该深深地表示谢意，绝不应记恨在心。长此以往，朋友必然能感受到你的诚心诚意，日后他们就会对你知无不言，直言不讳了。

当然，朋友们或许会要求你用同样的方法和态度对待他们，此时你也要尽到朋友之责。这样，只会加深你们彼此的友谊，也更有助于改掉你身上的不良习惯。

第 23 封信　善有善报

善有善报，善行必会衍生出一个个善行。这是世上最强劲的连锁反应之一。

孩子，前几日偶然得知你参加了镇上关爱老人"认养祖父母"的活动，为父甚为高兴。我一直很鼓励年轻人到养老院之类的地方去参加探望老人之类的活动，没想到你也参加了，我还一无所知，得蒙你的朋友凯特告知，我才知道你也去了。这可以算是一个意外的惊喜。不过遗憾的是，这类活动在其他地方或更大范围内却没有引发影响。人们根本不注意世界上每天发生的那么多善意行为。传播界热衷的是对于伤害他人的"社会阴暗面"的报导，对那些帮助他人的人与事却刻意忽略，好像报纸刊载这些事情，就会卖不出去！

人在帮助别人时的心情非常愉快，我实在不明白人们为什么不常常这样做呢！有时候大家想诚心去帮助别人，还往往会选择对象。如果被帮助的是个不相干的人，人家还会觉得不好意思。例如给汽车爆胎的人帮忙，在巴士、电车上给人让座位，陪着想要穿越马路的长者过马路，等等。其实，在我看来，真令人感到难为情的，反而是我们对于需要帮助的人，没能及时伸出援手。

你肯定遇到过，不管什么人，只要看到别人遇到困难就伸出援手的人，在自己本身遭遇困难时，通常也会适时地得到别人的援助。这时，一定会有一个人出现来帮助你，有时候会感到有奇迹般的感觉。当然了，这并不是什么冥冥中的善报或者什么天使的作用，而是善行衍生出的另一个善行。人人都来行善，都来帮助他人，普天之下，就会成为一个和谐友善的社会了。这是世上最强劲的连锁反应之一。在我们日常生活中常会碰到那些只需要言语安慰的人，说不定他们就在你身旁，像老年人、穷苦者、因病卧床、行动不自由的人都需要这种帮助。但我们虽然和他们生活在同一地方，却时常忘记，甚至故意去忽略他们。

说起善行，我总会想起你祖母说过的"睦邻"的故事。这是与你祖母同村的一位年轻女士的感人故事。当时村里人都不愿意和这个女士来往，究竟什么原因，我毫不知情。这位年轻女士很早就死了丈夫，一个弱女子经营着贫困的农场，并且还要养育四个孩子。她得很辛苦地从清早忙到半夜，才勉强度日。

这位女士的农场隔壁住着一个单身老农夫，因患重病卧床。当时，除了这位年轻女士之外，没有任何一个亲人抽出一点时间来照顾他。是这位年轻的女士，在自己生活极其窘迫的情况下，还设法抽出时间去照顾这位老人。老人一年后去世，却留下了一大笔遗产。这笔遗产没有留给那些听说老人去世后蜂拥而至的各色亲戚，却留给了这位年轻女士。在我看来，老人除了对年轻女士善行进行报答之外，也希望这种善心能够发扬出去，以造成良好的风气。

不用说，从此以后，这位女士的生活发生了重大改变。她已不再需要为了养家而那样辛苦地工作了。此外，对于她来说，还有一项重大的变化，那就是以往她被村人排斥、嘲笑的情形再也没有发生。那位老人因为感激她最后的服侍，而将这位女士的善意和她所努力的事实公诸于众，这自然使她因此而被大家赞赏尊敬。我想就算那些无法分得老人遗产的亲戚们，在发财梦清醒之后，也会敬佩她吧！

一个人的善行就像这故事一样，有戏剧性的报答，或获得社会的赞誉，毕竟是少数的。帮助别人，很多时候都不是为了贪图别人的回报。不过当你做了好事后，你肯定会因为自己的善行，而私下产生一种自我欣慰。对于很多人来说，这就是最大的回报。但是，如果就因为想让人感谢，图人回报，或期待被社会认定而行善，那么自己美好的诚意就会减低。我想，很多人在各式各样的活动中，以隐名埋姓的方式来投入时间、精力或金钱，并非期望获得感谢或赞扬，道理可能就在此。

我也见过很多不为人所知、却在默默发挥作用的现代英雄。有些人为了让我们的生活环境更美好，悄悄地、不计代价地付出自己的时间、金钱等。比如在医疗机构服务的各种义工，他们为了癌症、神经痛、心脏、肾脏等医学研究而从事募款活动。在教育方面，有为了没有奖学金而失学的年轻学子而捐助助学金的人。这大多数的人，他们的善行并未在正式的场合被提及或者受到表扬。他们只是根据需要帮助的人，做他们认为必须做的事，一心只希望自己的努力对别人有所帮助，并且享受帮助他人的喜悦。

我知道你这次极有意义的行为，已是在你参与活动后的半年，但当我知道那件事的时候，我仍然为你感到骄傲。在我看来，善良的行为是不会被人忘记的。你并没有告诉任何人，也不想要人称赞，纯粹从善良本性出发，同意每月把自己很少的薪水寄出去，是值得大家尊敬的。

所有的善行都充分表现出古谚"施比受更有福"这个道理。著名诗人菲利浦·詹姆斯·贝利这样写着："人生不是岁月，而是行为。"今后，我希望你能把善良之心更为发扬光大。由于"相同的回报"的连锁反应，希望你也能有好的回报。

第 24 封信　讲实话是你的义务

如果你想在社会上做一个堂堂正正的人，不想使你自己的良心和名誉受到伤害，你就不应说谎。讲实话是你的义务，无形中，也是在实现自己的利益。

你在信中，还有一点也让我印象深刻，而且觉得很难给你一个准确的答复。这就是你对那些爱说谎的人非常鄙视，认为他们是一些"人格不高尚"的人。

我们可以不赞同说谎这种行为，但是没必要去鄙视或刻意排斥爱说谎的人。说谎的人常常是因为怀有敌意、胆怯或者虚荣心而采取的一种方式，这也是某些人的一种生存状态，这和为了某种利益而故意去说谎是不同的。而且最重要的是，请你记住，不论说谎者掩饰得多好，谎言迟早都会被拆穿的。

谎言最大的受害者并不一定是被骗的人。因为当谎言被揭穿时，说谎者本人以后所说的所有话，都会被听者大打折扣。

有些人会为了自己的言语行为找借口而说谎，他们担心不加掩饰，会让自己的形象或者名誉受到损害，所以才故意编造谎言。这种人往往弄巧成拙，不但弥补不了自己的错误，反而会为谎言付出更大的代价，有时候还会因此被众人鄙夷，这也是毫无办法的事情。

如果犯下了错误，与其通过谎言来掩饰，倒不如老老实实承认来得好些，这是自己改过的绝佳时机，也是请求别人原谅的唯一方法。

有了过错一味地去掩饰，不是一种好的行为表现，而且为了保证谎言不会被揭穿，还要编造更多更大的谎言，说谎的人有时难免有不自然的表现让别人发现。这种人，成功的机会一定很小，而且你最终的不成功也是必然的。

如果你不想使自己的良心或名誉受到伤害，想在社会上做一个堂堂正正的人，你就不应该说谎。这件事你一定要牢记在心，而且这么做是你的义务，也是为了自己的长远利益着想。

　　社会上，每一个人都认为自己才是最正确的呢，但到底谁才是最正确的，这个问题要靠大家来评判。每个人都是按照自己的想法去行动的，而且同时也希望每一件事情都能按照自己的意愿去实施。但如果一个人真的固执地认为每一件事都非得照着他的想法去进行，那这个人不仅性情固执，而且可以称得上是傲慢了。

　　所以，和自己想法不同，并不是说对方就是傻瓜；和自己的追求不同，也不是说对方是不可救药之人。如果因为对方的想法、追求和自己不同就加以迫害，这样的做法实在让人难以苟同。每一个人都有权按照自己的思考方式去行动，每个人也都应该怀着自己的追求与梦想，这是无可指责的，也是一个正常社会的基本标准。

　　对于世上那些不明事理，甚至不辨是非的人，我们不应该去取笑或者责备他，我们只能替他们感到惋惜。如若有心帮他们的话，那就多去关心他们吧。当然，如有可能，你也可以与他们面对面谈谈，试着帮他们调理出一个正确的思想方法来。

第25封信　尊重是互相的

　　任何情况下，在你与每个人的交往过程中，尊重他人是一项十分重要的原则。彼此交往要是没有相互尊重，是不可能实现的，更是不可能长久的。朋友之间，只有互敬互重，互相认可，让对方感觉快乐、满足，友谊方可长久。

　　我想，你应该还记得，在你12岁那年，我打你的那一巴掌吧！那是我第一次也是唯一一次打你，因为当时你嬉笑着叫了我一声"老爹"。当时或者以后很长时间，你肯定都会认为我做得过分。但我从来没有后悔过，我认为那一巴掌应给你带来很多的反省，它教会你如何去尊重他人。

每一个人都有自尊心，无论是高高在上的国王，还是沿街乞讨的流浪汉。每个人在满足了物质生活的同时，都想得到他人更多的尊敬。尤其是现在，物质生活已经不是问题，人们所追求的更多的是精神的满足。而受到尊重，这个需要会越来越多地得到人们的重视。人们希望不论在什么场合，能有一个符合自我身份的待遇。

在社会交往中，每个人都希望得到他人的尊重。与此同时，人们对于那些尊重自己的人，也更容易亲近和认同。不过过犹不及的是，有些人在与他人交往时，往往是过分强调自己的自尊心，而忽略了别人的自尊心。

孩子，你要切记，任何情况下，在你与每个人的交往时，尊重他人是一项十分重要的原则。彼此交往要是没有相互尊重，是不可能实现的，更是不可能长久的。朋友之间，只有互敬互重，互相认可，自己快乐，也让对方感觉快乐、满足，友谊方可长久。

一些人往往以自我为中心，任何时候都是首先想到自己，这不是一个成功的、有身份的人所应该表现出来的。事实上，很多真正优秀的人之所以受到别人的尊敬，并不是因为他们高高在上、唯我独尊，而恰恰是因为他们能够尊重每一个与他们交往的人。每一个人都希望得到肯定和赞美，没有人愿意被别人伤害自尊。但总有一些人，一看到别人的缺点和错误就加以指责。他们不知道，这样往往已经伤害到别人的自尊心。

尊重每一个人最关键的就在于理解彼此差异、尊重这种差异。要能够真切地理解不同人的不同心理、情绪、智能。正如世界上不可能存在两片完全相同的树叶一样，世界上也没有两个完全相同的人。每一个人都有其自身的优点，都有值得你去发掘、学习的地方，每一个人都有值得你去尊重的品格。关于尊重的话题，往往是道理每个人都懂，但并不是每个人都能做得到。

　　良好的人际关系就是要从尊重周围每一个人开始，只有尊重别人的人，才会获得别人的尊重。

第四章　礼仪教养

　　孩子，你要对自己有足够的信心，学会用自己的头脑来辨别是非对错，学会选择正确的娱乐形式来享受真正的乐趣与生活，与此同时，在与人交往中学习待人处世的礼节和态度。在交际场合中，要注意保持自己良好的仪态，衣服要符合身份与场合，动作应优雅自然，注重细节，留心表情，在自然而然中吸引人们的目光，同时用心养成正确且有风度、毫不做作的说话方式，练就一副优雅的谈吐。遇到紧急事情，尽量做到将工作按时间分配好，从容应对。还要提醒你，在社交场合，希望你能够用心记住每位交往过的朋友的名字，尊重每一位朋友；在日常交往中，希望你能知书达理，彬彬有礼，在成长与历练中不断增强个人魅力与吸引力。

第 26 封信　不要以别人的评价来辨别是非

　　这个世界上，有许多关于职业或人等的传统评价，已凝聚在人们的意识中。这些流行的观念，有错的，也有对的。然而，那些缺乏自我主张的人，则往往将社会上的一般性评价作为一种神圣的护身符，将之佩戴在身，以掩人耳目。

　　孩子，看到信的时候，你已经回到莱比锡了吧。经过了德莱斯顿宫廷社会的见闻，你一定有些新的感受和体会吧。这些感受和体会，结合你聪明的领悟力，你应该知道自己下一步该怎么做了吧。或许不用我说，你已经开始着手了。

也许这次经历让你能对宫廷生活产生兴趣。说实话，如果你想要接触或者进入这样的生活，最好就从现在开始用功。只有平时积累知识，增长才干，提升自己的整体形象，才能得到别人的肯定，这也是你接近宫廷的捷径了。不过当你真正进入这样的圈子，才会明白，那些贵族的情况简直让人无法忍受。他们缺乏知识，没有品德，教养更是少得可怜。他们像一群可怜虫一样，至少在我看来是如此。这恐怕是你现在无法想象的吧。只有那些拥有丰富知识和高尚品德，用优雅态度行事的人才是真正伟大的人。所以我希望你成为后者，不管你是在宫廷还是其他地方。你也许听人说过，宫廷是虚伪的地方，其实哪儿不如此呢，只要有人群聚集，就难免如此，人们总会为了某种目的，做出一些让人难以接受的事情。我相信这世界上也不会只有高雅的地方吧。

你也许会想，在一些没有开化的农业社会也许比宫廷里的生活纯净得多吧，那里民风淳朴，没有尔虞我诈的现象。其实自己想想，在两种不同的生活状态下，人们争风吃醋的劲儿的确没有什么不同。宫廷里的生活你知道了，农业社会的情形呢，在两家拥有毗邻的稻田的农夫之间，为了想比邻居多一点收获，他们那种明争暗斗的情形，一点也不比宫廷里的争斗小；这可根本不像诗人们常常描述的乡下人多么天真无邪的样子。事实是，牧羊人和宫里人一样都是人，他们内心的感觉与想法，也毫无差别，只是做派不同罢了。因此，当你听到社会上有些关于三六九等人们的品头评足，一定要慎重对待。这种品评实在没什么意义，而相信的人呢，却又不少。在我看来，这不过是些以自命不凡的姿态靠耍嘴皮子为乐的无聊人士。真正聪明的人，是没有必要引用那种论调的。这种论调往往内容贫乏，令人遗憾。

在这个世界上，有许多关于职业或人等的传统评价，已凝固在人们的意识中。这些流行的观念当中，有错的，也有对的。然而，那些缺乏自我意识的人，则往往将社会上的一般性评价作为一种神圣的护身符，将之佩戴在身，以掩人耳目。

有时候我会遇到那些将这种一般性评价作为炫耀资本的人，我就装出一副很威严的样子，问道："是吗？你觉得呢？"于是，这些人就会马上显出一副缺乏自信的窘态，随口支支吾吾，不知说些什么是好，手足无措。因此，我得到的结论是，对自己信心十足的人，即使不依赖那些一般性评价，也能把自己想说的话说得头头是道。

第27封信　娱乐的真正意义

了解娱乐真正意义的人是不会丧失格调的，至少不会拿不好的人当垂范，学了满身的恶习。到了万不得已，即使不得不做坏事的时候，你也要懂得选择对象，尽量使自己的伤害减少到最低点。

说起娱乐，你们年轻人再熟悉不过了。在你们充满热情和贪玩的内心，游戏和娱乐都不是什么困难的事儿。可是像我见到的那样，你的很多同龄人，怀着跨越沧海的壮志，扬帆起航，却发现自己没有指示方向的罗盘，更没有操舵驾船的知识，于是在水里折腾几次后，就怏怏而返，有的还负伤累累。

我发出这样的感慨，绝非随意所为。我并不是个禁欲主义者，我本人也喜好享乐并且颇擅长几手。但是我有时候也像牧师一样，主张玩乐有度，不应沉迷其中。所以我要告诉你的是，应好好学会如何才能真正享乐，并从中体验到人生的意义。

说真心话，我希望你能好好地玩乐一番，但我同时也希望你能找到你的同龄人所想要找到的正确的航路。

你肯定也曾有过在某一件事情上找到快乐的经验。比如，和几位志同道合的好友打打扑克牌，通过一点小小赌注的刺激，你们一定也玩得很尽兴。或者共进晚餐时能有几位性情爽快、有品位的朋友，既尝到了美味佳肴，通过交谈，还得到了许多人生的启发！

我并不想对你的游乐方法一一进行品头论足，我更希望的是你也能把我当成你的密友，不论有什么心事都可以对我说说。如果我能成为你人生道路的指引者，并为你搭起一座通往正确娱乐的桥梁，那就再好不过了。

谈到这一话题，我首先要说的是，年轻人要当心坠入游乐的"陷阱"。比如你们在选择娱乐的方式时，往往不太关心它在满足自己嗜好的同时，是否有益于身心健康，至于说起态度的慎重，恐怕更是子虚乌有。更令人遗憾的是，有些人毫不懂得节制自己的欲望，甚至找错了方向，脱离了正确的娱乐方式。

我当然希望你不至于如此！比如说饮酒，是你们经常进行的娱乐。适量的喝酒确实是一种非常好的享受，尤其是在与几个知心朋友对饮几盅时，更是妙不可言。但是，如果饮酒不知道节制，甚至嗜酒成性，就会对身心造成不良影响，你难道不这么认为吗？至于说起赌博，很多人觉得小赌怡情，只要不是输得负债累累、焦头烂额，就算是有趣的游戏。其实，根本不是这么回事，难道不是么？

我以上所举的两个例子都是一些非常无聊的游戏，但令人不解的是，正是这些无聊的游戏，却深深吸引了许多人。他们可以夜以继日地从事这一类娱乐，很少或者根本不去仔细思量，通过这些活动来打发时间是否有意义。他们没有自己的判断和选择，只是在别人找自己一块去娱乐时，就毫无目地地跟着去了，结果弄得自己身心俱疲。恐怕你也会有这样的经历吧。在你现在这个年龄段，热衷于游乐也是完全能够理解的，因为你目前这个年龄段，正是最喜好游乐的时期。但是，作为一个过来人，我要提醒你的是，你们往往因为太年轻，而容易找错对象，或者朝错误的方向发展，结果染上了恶习。这样，不仅会蹉跎青春，还会搞坏自己的身体。

有一个古老却很有说服力的例子。某年轻人为了使自己成为一个善于游乐的人，于是便去观赏莫利耶鲁创作的翻译剧《落魄的放荡者》，并且欣赏剧中主人翁的放荡模样，自己很想设法效仿，让自己也成为一个"落魄的放荡者"。朋友们劝他，成为一个"放荡者"就够了，不用变得"落魄"，但他一点也不听人劝告，而且还坚定地说："不行！只当一个'放荡者'是不够的，如果没有'落魄'，就显现不出放荡者的本色！"你或许会认为："这个人怎么如此无聊荒唐……"事实上，这是许多寻欢作乐者常有的事，很多年轻人就这么荒唐。

第二个提示是："游乐"也要有自己的"目的"。

在这一点上，不需要大道理，说一说我自己的亲身经历就可以提供给你作参考，尽管这段经历我是引以为耻的。不过如果你能从中体会到一些有意义的东西，我倒很愿意讲给你听。

我年轻时，也特别喜好游乐，有时候纯粹是为了大家的兴趣，而不是我自己喜欢。有时候人家来找我，我是随叫随到。现在想来，当时十分无聊，可在当时却自我感觉不错。我本来不喜欢喝酒，但是朋友来邀请，就跟着去了。酒醉之后十分不舒服，恶心呕吐，还长睡不起，这种表现就够糟糕的了。更糟的是，此后几次我又去了，而且每次都重复这种无聊的过程，结果没有得到什么好处，反倒是养成了嗜酒的毛病。

还有就是赌博。因为我从来没有缺过钱用，所以也用不着为了钱去赌博，但是我在其他人的影响下，竟然荒诞地认为赌博是绅士们必备的要素，于是开始不断出入赌博场所。即便是我并不喜欢如此，但在我人生中重要的那段岁月里，却从来没有过自省，经常在牌桌旁浪费光阴，现在想来仍使我引以为憾。

还有更可笑的，我在你那个年龄，见到一位我所仰慕的人。虽然不了解他，但却盲目追随他，模仿他。现在想来这种行为多么可笑无趣，可当时却自得其乐。好在后来就没再做过这样的事情，现在就更不会去做如此愚笨的事情了。

我希望你在了解了我过去的这一经历后，不再重蹈覆辙。

64

想想我的年轻时代，好像受到某种流行病的侵害，总会无缘无故地沉溺于某种形式的游乐之中，我为此而付出了惨重的代价。这代价就是这些毫无意义、漫无目的的游乐不仅占用了我的时间，让我不能享受到真正的快乐，而且还让我的财产和健康都受到了损失。这也是上帝对我的惩罚吧。

　　从我的经历中，你也学到了一些东西吧。我希望你能选择自己真正喜欢的娱乐方式，不要盲目地跟从别人，要有自己的想法。那么现在你要做的，就是要将自己喜欢的游乐方式确定下来，同时将现在正在进行的游乐方式列出来。如此，哪些该继续，哪些应马上中止，就一目了然了。

　　我要对你作的第三个提示是，要做能给自己带来真正快乐的事。

　　如果我现在是你的话，能够拥有和你这般大年纪，有了过去错误的经验，我会如何做呢？

　　首先我要做的是真正能为自己带来快乐的事情。那些外表看起来好像很快乐，实际上无聊又无趣的事情我是绝对不会去做了。真正快乐的事情包含和朋友一起吃饭、喝酒，但是我会尽量避免吃得过多，或喝得过分。

　　在你这样的年纪，没有必要特意为了某种目的去引起别人的注意。你做好自己喜欢的事情就行了，至于别人的看法怎样，不用去管。但是，对于自己的健康，你一定要小心关照，一个对自己的健康都不关心的人，在其他的事情上也难有什么作为。偶尔打打牌也无妨，但不要勉强自己，尤其不要盯在几个小钱上，不要为了这样的目的打牌。打牌只是为了消遣和娱乐，即便是拿出一点点钱来玩儿，只要能和朋友们之间获得快乐就行，何必非要大宗赌博呢？特别是赌金多了，不论胜负，都可能影响到生活。而且你现在没有收入，如果为了赌博而花掉了生活费，更是不智之举。还有就是，赌博往往会使人失去理性，因而发生吵架的事件。这是街头巷尾经常听到的传闻，这样的事件是绝对要避免的。

　　我认为，最好的活动就是能有时间来阅读，能有时间来和学识丰富的人聊天，尽量和比自己优秀的人做朋友。在一般的社交界内，不论男女，交往都非常频繁，虽然有时候谈话的内容并不十分充实，但是只要相处在

65

一起，大家都应该用最真实、诚恳的态度相待，这里应该可以让你学习到很多待人处事的礼节和态度。

如果我的人生可以重来一次的话，我要照着我现在的计划进行，不管是娱乐还是生活，都能获得真正的乐趣。有些人还以为吃喝嫖赌就是真正的娱乐呢，这就要对什么是真正的娱乐、什么又不是，严加区别了。

你仔细想一想，一个正直善良的人，会愿意和一个成天醉得东倒西歪、不知天南地北的人做朋友吗？一个赌得全身精光，还欠了一屁股债的人，有谁会愿意和他交朋友？一位行为放荡、言语粗鲁的人，有人会愿意和他友好相处吗？

答案应该是否定的！

了解娱乐真正意义的人是不会丧失自己的理智的，至少不会拿不好的人当模范，学那满身恶习。

第28封信　保持良好的仪态

优雅的姿态举止并非只在公开场合重要，在自己日常生活中也不可忽视。即使只是喝杯咖啡，若手持杯子的方法不正确，咖啡必然会摇晃不定，甚至溅出来吧！在小事上马马虎虎的人，每临大事也必无所作为。

良好的仪态能给人留下美好的印象。如何才能保持良好的仪态呢？我试着整理了一些内容，供你参考。

1. 保持挺直的立姿、雄伟的步履、端正的坐姿

挺直的立姿、雄伟的步履、端正的坐姿能打动人，这是我们所熟知的。这些看起来是平平常常的动作，无论男女，都会对别人产生深深的吸引力，尤其是在工作场所，更是如此。

现实生活中，能够站得挺直、走得雄伟、坐得端正的人并不多。很多人出现在别人面前时，都是一副漫不经心、坐站无相、形神猥琐的模样。

有的人坐下时，也毫无顾忌地伸长了身体，将全身的重量一股脑儿地压在椅子上，极为懒散不堪。

而标准的坐姿是坐下来要轻松，并非使尽全力，并非身体僵硬不动，应该是非常自然而然的动作。我想你大概能做到这些吧！如若不能，要尽快练习，以达标准坐姿。

前几天，收到哈比夫人的来信，信中对你夸奖了一番，说看到你在某场合跳舞，舞姿相当优美，这让我很是高兴。我认为坐、立、行是关于一个人的仪态很重要的方面，看似简单，实则不然，有时候甚至比跳舞还难。不过舞姿既然美观，那想必从事这些动作自然也不会差到哪儿去的。在我的朋友中，也有不善跳舞却举止高雅的，而没有精于舞蹈却举止笨拙的。

优雅的姿态举止并非只在公开场合重要，即使在自己日常生活中也不可忽视。即便是喝杯咖啡，若手持杯子的方法不对，咖啡也会摇晃不定，甚至溅出来！在小事上马马虎虎的人，每临大事必无所作为。

如果在欧洲，看到哪位女士的扇子掉在地上，无论是优雅的还是粗鲁的男士都会去替她捡拾。不过区别却是优雅的男士，会因此得到女性的道谢；而粗鲁的男性，却会由于动作不当而成为笑柄。

2. 着装千万不要表现出拙劣的个性

对于现在的你来说，孩子，应该到了认真考虑着装的年龄了。譬如我，就很重视着装打扮。我认为，一个有内涵的人在着装上会有认真的规划。既不会过分突兀，和别人格格不入，也不会仅仅停留在展示自己的个性上，而是会和当地的社会人士、知识分子穿着相当。着装过于华丽则显轻浮，过于寒碜则失礼。

现在的年轻人，无论什么情况，都喜欢在着装上显示自己的个性，以表现自我，展示自己的与众不同。每当我看见一个人的着装，便不自觉地联想到这个人的修养。这恐怕是大部分人的做法。有时候我看到一个人的服装矫揉造作，就会认定他的思想有所偏颇。有时候看到一个人穿着华丽浮夸，就觉得很不舒服，容易给人以浅薄的印象。还有些人，穿着不知所云，根本看不出是宫廷人员还是马车夫。

不过有一点我要说明，我认为年轻人的着装即便表现个性，也强于衣衫褴褛。比如一个人年轻的时候喜好展示个性，随着年龄的增加，可能这种做法就会日渐减弱。可是一个人不修边幅，一直穿得破旧不堪，就会成为让人难以忍受的讨厌鬼。

穿着讲究也有一定之规，一般说来，如果你周围的人们穿着华丽，那你自己也就装扮得华丽些；如果你周围的人穿着朴素，那你自己也就装扮得朴素些。但重要的是，随时保持衣着的整洁与合身，否则就会给人留下无礼的印象。

另外，选择好了当日的衣装，就不要再多费心思去考虑。如果一味地浪费精力去想衣着是否合体，颜色搭配是否不妥，组合是否怪异，那么你的动作便会僵硬。衣服合体了，行动自然就舒缓自然，心情也会为之开朗。另外和衣服同样要注意的还有发型，也得关心一下。还有袜子不要松垮，鞋带必须系好，这都是常常要想到的细节部分。另外，保持身体的整洁，也算是着装的内容吧。手和指甲、牙齿，都要保持清洁，勤剪指甲、按时刷牙这都是必须的。

牙齿是用来咬嚼食物的，刷牙可以避免忍受牙疼的痛楚。而且，不好的牙齿会发出恶臭，这对别人很不礼貌。由于我年轻时对牙齿疏于照料，老来饱受困扰，每餐后都要使用柔软的牙刷，用热水洗刷四五分钟，漱口五六回。此外，最好去请教有名的专家关于牙齿排列好坏的问题，及早矫正，使其排列规整。

3. 若能打扮表情，自然就能打扮心胸

表情是捕捉人心的要素之一，而且往往起到很大的效果。有时候表情得当了，最能令他人目不转睛。有些人为了掩饰自己容貌上的不完美，往往想通过其他表现形式来弥补，比如努力使自己举止高雅，但微笑常挂在不适宜的地方，便给人造成了不适，这样，很有损自己的形象。

如果你觉得自己的容貌不够出色，那大可不必去亵渎神灵或抱怨什么，你完全可以通过恰当的表情弥补这些。当然了，做出怎样的表情，要根据不同的场合和情况来定。如果你每天都只会做出威严的表情，想让自己表现得很有城府、富有决断，那你就大错特错了！这种表情就像每天都在发号施令，又像极端严肃的军队长官这是不可取的。

有位年轻人在刚被选上议员时，经常在房里对着镜子不停地练习面部表情与动作。这种行为一度被人们嘲笑，我却不以为然，我认为他才是真正懂得世间道理的人。他非常明白，表情与动作便是出现在公共场合的最佳语言。当然了，他过分在意自己的表情，倒是有些夸张了。我认为并不需要特别留意你自己的表情，只要你有心去学习，去了解，很快就能恰当地使用表情，而且形成自然的反应，不需要时时刻刻劳心费神。

练习温和的表情，需要向传教士学习。眼神应经常浮现出温和，最好能始终保持微笑，面部洋溢善意，充满慈爱，威严之中蕴含热情。我认为，这是最能吸引人的举止。对此你怎样看呢？

当然，单靠表情吸引人是不够的，相由心生，表情的出现，不仅仅是面部肌肉的变化，还要利用伴随的心意。有心人自然而然的表情更使人着迷，进而产生好感。

练习表情其实很简单。拿你来说吧，为什么你的舞技如此精湛？这应该比练习表情更不易吧！你也许会说：那是为了捕捉别人的心。是的，不仅如此，你穿好的衣服，修剪头发，都是为了给人留下好印象。否则，头发留得老长，不是很好吗？懂得这个道理以后，请你采取行动，多研究比跳舞、服装及头发更为根本的"表情"吧。

没有好的表情，再好的舞姿或服装，以及头发也会搞砸。你每年至多跳六七回舞而已，但是，你脸上的表情却是一年 365 天展现在人们眼前。

第29封信 练就优雅的谈吐

语言的宗旨在于传达概念和思想。所以，采用无法传达概念的语言和引不起别人兴趣的表达方式，都是徒劳的。

我的经验和经历可以明确地告诉你，要想在社会上取得一定的成功，就必须有好的口才，不然你就没办法和其他人交流。练好口才倒是不难，你可以通过日常会话来训练，尤其要用心学会正确且有风度、毫不做作的说话方式。

此外，有些古典和现代的演说家的著作，也是练习口才的好教材，多读有益。读书的时候，更要时刻告诫自己：我就是为了训练口才才读这些书的。

为了使你能够练就一副优雅的谈吐，我向你提出以下建议。

1. 读书时注意文体与文字的使用

要想通过读书来成就一副优雅谈吐，就要多注意文体与文字的用法。最好是边看边想，还要仔细琢磨怎么做才会表达得更好。如果可能的话，要在读完后多想想或实际操练一下，看看如若同样的题材由自己来写，还有什么地方不如人家？

很多情况下，即便是写同一件事情，作者不同，表现方式的差异，表现手法的不同，传达给读者的印象都会有不小的差异。这类问题，在阅读的时候都要注意到。应该明确，不管内容多么精彩，只要言辞怪异，文题不符，又没有整体风格，就会使读者扫兴。这些你也应注意到。

2. 在口才、文笔上，建立自己独特的风格

很多时候，说话要三思而后行，想好了再说，而不是信口开河。即便是在毫无准备的情况下，也要在讲完后看看有没有更好的表述方式。经常这样做，你的口才就会慢慢的进步。

另外，不管多么轻松的话题，即使是写给亲人的信，也应该拥有自己的风格，这点很重要。

3. 用词要正确，发音要清晰

发音是口才很重要的一环。你的发音，听起来就好像喉咙里堵了东西，说得太快时别人根本就听不清楚。这个毛病，你可以请哈特先生帮忙纠正。具体做法是，你每天大声地朗诵一些文章，并请哈特先生注意听。每当遇到换气之处、强调方法、朗读速度等不适当的地方，就请他叫停，并且为你指出，帮你改正。朗诵文章时嘴巴要张大，字字句句都要发音清楚。如果速度太快，抑或有不认识的字，就要马上停止。

不单是指望哈特先生，你还要经常进行单独练习。单独练习时要边念边仔细听，刚开始念时要放慢速度，用心改掉你说话速度过快的坏习惯。如果遇到较难发清楚的字音时——比如你发"V"这个音的时候——就要反复练习，哪怕练习上百遍、千遍，也要努力念到发音完美为止。你应该羡慕那些深深吸引我们的演员，他们说话就极富魅力。仔细观察就不难发现，所有的好演员都有一个共同特征，即清晰的发音，正确的措辞。

语言的宗旨在于传达概念和思想。所以，采用无法传达概念的语言和引不起别人兴趣的表达方式，都是徒劳的。

4. 每天试着把自己的想法整理成文

可以找一些热点的社会性的问题，试着从不同角度选择好赞成意见和反对意见，然后假设争论的情况，用流利的英语把辩论过程写下来，在纸上模拟整个辩论，这是很好地提升自己语言表达水平的方法。

比如你可以就有关设置常备军的问题进行思考。赞成意见之一，是武力必须以武力来对抗；而反对意见之一，则是强大的军备力量可以使周边国家遭受威慑，产生恐惧，影响国家之间的关系。

像这种赞成和反对的两种论调，如一般都在能想象得到的范围内，则应尽量去想。比如，从本质上说，拥有常备军并不是什么好事，但是根据实际情况的不同，只有常备军才能成为防止他国挑衅的必要武力等，这是一定要深切考虑的问题。

这样，经常试着整理自己的思绪，把这些假设写成优雅的文章。这样，不但可以作为辩论的练习，还有利于养成出口成章的习惯。

5. 听众想听什么就说什么

一个雄辩家就像一个擦鞋匠。要掌握如何取悦听众或者顾客的心理，完成了这一点，就已经成功了大半，剩下的问题只是一些机械性的操作了。如果你想要让听众满足，就必须利用方法取悦他们，使他们感到心里满足。

演说者永远无法改变听众，只能设法选择听众喜好的内容，让其自愿地接受。所以，就像我一再重复的那样，听众只喜欢并接受满足其五官及心灵的事物。以作家拉伯雷为例，他最初的作品是十分杰出的，但却未受到读者青睐；直到他投读者所好，发表了《卡尔肯裘亚故事》和《潘达格留耶尔故事》之后，才开始大受欢迎，并赢得满堂喝彩。

我曾一再地给你说过，想让别人接受你，最重要的就是要在心理上正确认识对方。利用演说来取悦听众时也是这个道理，不要对听众有过高的评价。我刚到上议院担任议员时，觉得议员们都是值得尊敬的人，让自己很有压迫感。当我进入议院，了解了真实情况后，明确了对听众们的定位后，这种感觉才消失了。

我知道了在500多位议员中，真正具有判断力的只是极少数的一部分人，而其他的议员们几乎都和普通人一样。因此，真心想听到的字字有力、句句精彩演说的议员，只有大约30位而已；其他的议员根本不在乎你讲了些什么，只要听着顺耳就满足了。

了解到了这点后，演说时的紧张感就慢慢消失了。到了最后，我已经能够完全无视听众们的存在了，只在说话的内容及技巧上投入注意力。这并不是自夸，我真的具备了可随着内容而改变话锋的能力。

第30封信　任何时候都要写好自己的名字

有理智的人，即使遇到紧急的事情，也不会匆忙慌张。因为他们知道，一旦惊慌失措，只会把事情弄糟。所以，即使有需要及时处理的工作，也要保持镇定，不可因心急而把事情弄得乱七八糟。

几天前，收到你面额90英镑的申请书。看过之后，我很不想予以支付。原因和金额无关，有两个方面：一个是以前你都会先写信与我沟通，并达成一致后，才会有申请书寄到。这次却是没有任何信息，直接送过来。这是一个小的原因，更大的原因则是我根本不知道你的签名在哪里。当我用放大镜看着拿申请书来的人所指之处时，才发现最下面有你的签名。我本来以为那是不识字的人乱写的，想不到居然是你的签名。我从来没看过那么小又难以辨认的签名。

绅士或是商人，总是使用同样的签名来从事各种活动，这已经成为一种惯例。因为这么做，能有效地防止冒名伪造。此外，一般签名时，都要写得比其他字更大。但是你的签名不但比其他字小，而且十分难看。

一看到这种签名，就使人产生了联想，想象你在写下这种签名之时，身上是否有了种种不好的状态。如果不小心把有这种签名的信送到阁僚处，对方或许会以为这不是普通人写的字，可能是机密文件，而把它交给密码解读员呢！

也许你会说，由于太匆忙才会写出那样的字。那么，你为什么会匆忙呢？

时刻保持清醒理智的人，在遇到任何紧急的事情下，都不会匆忙慌张。他们清楚地知道，一旦惊慌失措，只会把事情弄糟。所以，即使有需要及时处理的工作，也要保持镇定，不要因心急而把事情弄得乱七八糟。

有些人之所以感到慌张，是感觉自己的工作量超出了自己的工作能力。他认为自己无法担此重任，所以惊慌失措，手忙脚乱，烦恼不已，结果反而变得一团混乱。什么事都想在短时间完成，反而会不知道该从何处着手。这就和有判断力的人不同，有判断力的人会条理分明地安排好要做的工作，情况急迫时，也能按照一贯的做法加以完成。换句话说，即便是在紧急情况下，也能保持冷静沉着的态度，毫不慌乱，一事不结，断不揽亲。

我深知，你也有许多事要处理，时间并不很充裕。然而，与其让每件事都做不好，倒不如先好好完成手头上的工作，完成一件再去做另一件。更何况，你用那种训练乏术者书写的潦草字迹所争取的那点时间，根本无济于事。

第 31 封信　请记住对方的名字

孩子，你一定要明确一点，一个人的名字是完全属于他个人的，别人无可取代。有时光凭一个好的名字就能使人显得与众不同，能使人显示出独特的个性，进而脱颖而出。而我们所能做的，就是记住交往过的每一个人的名字，这是极其重要的。

每个人都非常重视自己的名字，如果你能顺利地叫出他的名字，比对他说许多甜言蜜语都管用，比任何动作都能赢得别人的重视、喜欢。所以，最好记住和你交往过的每一个人的名字。

记住对方的名字，并在见面的时候很自然地叫出来，表明你对他的敬重，同时也向他传达了你的恭维和赞赏。反之，你把这个人的名字忘记了，或者是叫错了，这不仅会使对方难堪，对你自己也是一种损失。这个看似无足轻重的行为会使你在不知不觉中处于非常不利的地位。对方也许会想，如果连我的名字都记不住，还能指望你会为我干别的什么吗？

能准确无误地叫出对方的名字，会让对方感觉到你在注意他、留心他，这就比较容易赢得对方的好感；顺利地叫出对方的名字，特别是不经常交往的人和只见过一次的人，对方就会觉得你这人值得交往，同时他也会有一种心理的满足，感觉自己受到了重视。

我也知道，我们每天交往的人很多。很多时候，要准确地记住每个人的名字真的并不容易。而且有些人的名字复杂又拗口，一般的人都不愿去记，他们往往这样想：算了，何必搞得这么复杂，就用"喂"打招呼好了。这样的确简单了不少，但是和记住对方的名字相比，真是有着很大差异。谁都希望别人能叫出自己的名字，无论他是干什么的，和你的关系如何，只要你能大大方方叫出他的名字，他都会感到很高兴。

生活中，多数人经常记不得别人的名字，这是因为他们还没有意识到此举的意义，他们不知道这样一个小小的行为，会为自己带来意想不到的收获。这些人还都不肯花时间来做这么一件简单的事，他们借口忙碌，将此事置于脑后。

孩子，你一定要明确一点，一个人的名字是完全属于他这个人的，别人无可取代。有时光凭一个好的名字就能使人显得比较出众，能显示出他独特的个性，并使之脱颖而出。而我们所能做的，就是记住交往过的每一个人的名字，这是极其重要的。

第 32 封信　学问中学不到的东西更重要

雪佛贝利公爵说过如下妙语：我行善事并非是为了让他人看见，实际上是为了自己。这就像我们不是为着让别人知道自己的整洁而讲卫生，根本在于让自身整洁。

人类从来就不是完美的动物。我付出了很多，包括金钱和精力，就是为了让你能在这样并不好的先天条件下，能够尽可能向好的方向发展。为此我对自己的任何付出都不后悔。我要做的是教育好你，让你具备优于他人的资质。这些道理，无须赘述。

在你年幼的时候，我就开始向你灌输一些人生的道理，比如说行善、尊重他人等。那时的你，只是机械地记忆，而完全不知其所以然。不过现在你已经有了自己的判断力，对小时候记忆中的道理，应该能身体力行了。

雪佛贝利公爵说过如下的妙语：我行善事并不是为了让他人看见，实际是为了自己。这就像我们不是为了让别人知道自己爱干净才讲卫生，而完全是为了自身干净。

所以，从你具有判断力开始，我就不再提醒你善行的重要，因为你已能视之当然。

还有，我希望能给你实质性的教育。我和哈巴夫人最近发现，因为你自身的努力，你已经获得了预想的成果，这很符合我对你的期望。

在你了解了一些基本原则之后，还要传授给你待人接物的方法及礼节，这些也是一个人为人处世的基本技能。如果这些你都不明白，那就无法展现你作为一个成人的良好状态。以前对你的教育和引导，自然也就白费了。当然，在这个过程中，你仍然会在不同环节上存在缺失，所以直到今天，我仍然需要在信中对你反复强调。

在待人接物的礼节上，我已经说过很多。还要补充强调的是，一件事情要想成功，基本上得先压抑自我，迎合对方。我们的某个朋友，对礼仪有着如下精彩的解释：礼仪是人与人之间相互的稍许压抑自我，迎合对方，明事理、辨是非的行为。对于我的这个观点，大概没人会唱反调。在能明事理、辨是非的人们眼里，每个人都是礼仪端正的人。

如何正确地展现个人的礼仪，要因地制宜。但是，重视礼节的想法，应不论时空，永不变易。所以，意志力的有无，便是能否成为礼仪端正人物的关键。

不要仅仅把礼仪看作简单的外在表现。礼仪在特定社会的影响，就好像道德对社会全体的影响。礼仪能够使社会秩序端正，提高社会的安全性。一般社会，为了奖赏道德行为，而制定了法律。礼仪虽然没有法律的硬性规定，但是为了端正礼仪的行为，劝诫无礼，也有着众人默认的规制存在。

将法律与默认的规制相提并论，并没有夸大后者的作用，我认为两者有着共通性。强行侵犯他人私有财产的男人，必然会受法律的制裁。相同的，鲁莽地侵入他人平和生活的无礼行为，也应受社会舆论谴责。

生活在文明社会的人类，笑容满面的举止必能引起对方的注意……这是约定俗成的默契，无须明确的规定来说明，这就好比君臣之间的统御与服从的关系，是无法改变的。无论何种场合，侵犯此种协议的人，都会遭受惩罚，这是天经地义的。

我个人认为，礼仪，仅次于善行，二者都是能捕捉人们心灵的方法。端端有礼之人，必然受到人们的爱戴，这是不争的事实。

第33封信　日常礼仪之道

玉不琢不成器。未经琢磨的钻石虽也有价值，但仍需研磨才可佩戴在身，才能发挥其价值。当然，钻石是否美丽，仍依赖原石的硬度和密度，但最后的琢磨润饰决不可少。如果没有经过最后的研磨，钻石永远只是颗原石，而原石是没有多少实用价值的，最多只是摆在收藏家的陈列柜里。

礼仪是一个永远都不会过时的话题。下面，我们来讨论对不同的人应如何依礼行事。

1. 对长辈、上司举止要优雅

对待长辈或是上司，必须要以礼相待。没有人会不顾礼仪，随意地往来。不过大家虽然明白这个道理，但如何实行，有的还不甚明了。有些人一见到长辈或者上司，就表现得规规矩矩，有些甚至手足无措。而具有丰富阅历的人，一定会情绪放松，装作若无其事的样子，略显大方地以礼相待；而那些有经验的人，可以在一旁观看别人的交往过程，并加以学习。要是自己来应对，可能要经过一段较长时间的学习。

2. 切勿刻意疏忽礼仪

身份不同的人聚在一起，往往是上者会疏忽应有的礼仪。这种疏忽，多半是出于漫不经心的傲慢，以为自己身份高贵，就可以不顾别人的感受，这样的人难免招致很多敌意。他们是把注意力都倾注于名人，或者是地位、相貌、人格魅力等方面特别出色的人身上，只和这些人讲礼仪去了。这种行为在真正了解礼仪、掌握礼仪的人看来，已经是粗俗到了极点。

当然，我在年轻的时候也是如此。当时的我，只把关心倾注于魅力十足的那一小部分人，而且愚蠢地认为，其他的人都是虾兵蟹将，微不足道，所以在和他们交往时，即便一般的礼仪也没有顾到，有时甚至不屑于与之来往。

在这种想法支配下，我只对高官显要、学者、美人或华丽夺目的人才彬彬有礼，施尽浑身解数。这种愚蠢的行为，让我树立了许多敌人。这些我看不起的小喽啰们，在我多次关键时刻，都发挥了自己的作用，这对我来说，当然不是好的作用，往往是致命的一击。当时的我，就是缺乏足够的判断力，才导致这种傲慢的危害性显露出来。

古语云："对于一个国王来说，要想政权稳固，国泰民安，民心和威望强过任何武器。"

像我们这样的凡人在为人处世方面也是这样，只有赢得人心，才能掌握无与伦比的力量。

3. 不要一生只做璞玉

有的人在外彬彬有礼，在家里却毫不顾忌，完全忽视了对待至亲好友、熟人应有的态度，这也是我所关心的一个问题。我的经验告诉我，如果一个人对待至亲好友总抱有用不到就不用的态度，他很有可能就要遭受到意想不到的失败。

至亲朋友之间，可以不受礼节的约束，这看似理所当然，但这并不是说你就可以毫无顾忌地踏入别人的禁地。如口无遮拦，或只抓住自己感兴趣的话题而不理会对方的反应，那么，即使再好的朋友，时间一长，友谊也会褪色。

我个人认为，亲人或朋友间，彼此的关系不管多么亲近，都有必要保持一定程度的礼节。假如两个好朋友亲密无间，共处一室，按一般人看来，这么亲密的私人空间就不存在礼仪的问题了。但我却在你说话的时候，一直想其他的事，还若无其事地大打呵欠，甚至发出了粗鄙不堪的鼾声，我想你一定会认为这行为野蛮、举止可耻，要不了多久，你就可能会远离这个朋友。

因此，无论是多么亲密无间的朋友，保持一定程度的礼节，才能友谊长久。就算是夫妻之间，如果因为每天从早到晚一起生活，就完全舍弃了所有的顾忌和藩篱，那也会变得互相嫌恶、互相轻视。

我是你的父亲，我们之间没有必要展示夸张的礼节。但对于和你交往，我也应该保持适度的礼貌，这是保持我们彼此间长久交往的必要条件。

关于这个问题就谈到这里吧。在这段时间，希望你能利用每天一半的时间努力学习待人接物的礼节。

未经琢磨的钻石是毫无作用的，虽也有价值，但仍需研磨才可佩戴在身，只有佩戴在身才能发挥其价值。当然，钻石是否美丽，仍依赖原石的硬度和密度，但最后的琢磨润饰工作也决不可忽略。如果没有经过最后的研磨，钻石永远只是颗原石，而原石是不具备实用价值的，最多只是摆在收藏家的陈列柜里。

孩子，你天资聪慧，有着深刻的内涵，我对此深信不疑。现在，你只需努力练习礼节，就像实施对原石的琢磨工作。你可以去学习各种礼仪，加上有些专业杰出人士的指导，相信你会像钻石一样光彩夺目。

第五章 为人处世

孩子，我真切地希望你能做一个行动上的巨人，不懒散，不拖延，遇到困难和挫折，用积累的知识和坚持不懈的意志去克服它。切勿做一个懒散怠惰之人，无论是做什么事情，既然选择去做，就要全力以赴，不达目的，誓不罢休。在每个人的人生旅途上，挫折、困难甚至失败都在所难免，所以你要正确看待这些问题，在挫折中保持积极乐观的心态和战胜困难的信心。在与人交往时，要保持一种稳重和谦虚的处世态度，落落大方、张弛有度地表达自己的观点；要学会幽默，学会拒绝他人的技巧，尊重他人，保护自己；学会适时地称赞别人，同时能够正确地对待批评与教诲。如果有机会去其他国家游历，希望你能够以开放的心态去面对世界，用心去了解和学习当地的风俗、礼仪、政治、文化和语言等。

第 34 封信 切勿做怠惰的人

记住，你要做一个行动上的巨人，无论有多好的想法，不去行动都不会实现的。所以，无论你有多么美好的愿望，都不要懒散怠惰，也不能用任何借口去拖延，要立刻行动起来，努力行动起来，不要随便就被挫折所打倒，不要沮丧，这样你才能实现自己美好的愿望。

孩子，你知道我是一个非常严格的父亲，对于你的缺点，我看到什么就说什么。我认为，只有严厉地帮你改正缺点，这才是正确的教育孩子的方法。不过，值得庆幸的是，到目前为止，我还没有在你身上发现一些非常严重的问题。但是有一点我必须马上向你指出，你在生活态度上有怠惰的表现，比如在生活细节上表现得过于散漫，注意力也不够集中等。

先说说我自己对"怠惰"的理解吧。所谓怠惰的人，就是指那些做什么事都毫不努力，不用心，在处理事情的过程中，一遇到困难和挫折，就感到沮丧会为之忧郁的人。事实上，生活中，正是这些麻烦和挫折才能真正带给我们某些领悟、体会和有价值的东西。怠惰的人经常会在目的还未达到之前就已经选择了放弃，仅仅满足于肤浅的表面化的一点皮毛知识的获得，更要命的是，他们还对那些努力工作的人不屑一顾，甚至是加以讽刺。

怠惰的人首先是缺乏自信的人，他们一碰到麻烦事就先入为主地说"我做不了"或者说"我不会做"。在他们看来，任何有困难的麻烦事都是办不到的。其原因并不在于事情真的有多难做，而在于他们自身缺乏一种积极进取的精神和态度。其实，我们都明白，只要认真地、用心地去做每一件事，很多看起来很难完成的事情都不在话下。

怠惰的人还不容易集中注意力，他们很难去专注做一件事情。他们在遇到困难时，不愿意花时间和精力去动脑子，更不愿去坚持，只是一成不变地依照最初所接收到的信息来做简单处理。如果让他们去尝试一下其他的解决方法，他简直无法接受。就这样，他们对任何事情的思考都永远无法深入下去。

你这个年龄段的年轻人，应该像早上刚刚升起的七八点钟的太阳，有的是精力与活力，做事就应该灵活、敏捷。如果对待什么事情都是一副漫不经心、吊儿郎当的样子，那是一件很可怕的事情。像"漫不经心"这样的词语出现在一个步入黄昏的老年人身上还情有可原，因为他们已经老了，精神也变得迟钝了，想法也变简单了，欲望也少了，平平安安度过余生，对他们来说就已经是件很不错的事情了，所以他们不会再花很大的精力投入在某件事情上，这是很正常的。可是，年轻的你呢？如果现在你也以如此消极的态度来对待人生，这实在是件不能宽恕的事情。年轻人一定要有自己的理想和为理想而拼搏奋进的精神，要有比别人更突出、更坚韧的意志才行。我很喜欢恺撒的一句话，这话很适合年轻的你们：不是优越的行动就称不上是一种行动。

其实我一直确信你是一个有着活泼气质的人，只要你生活的态度再积极一些，那么你就一定可以成为一个有成就的人。我也相信你的这种活泼的气质，会让你拥有更多忠实可靠的朋友，他们会因你而更加开心和快乐。如果你想成为一个受人尊重的人，那就应该为实现这个愿望而积极行动。如果做不到这一点，你是得不到别人发自内心的尊重的。记住，你要做一个行动上的巨人，明智的想法加上切实的努力，就一定会将你带到成功的彼岸。所以，如果你有着矢志不渝的愿望，那就不要懒散，不能以任何借口来拖延，应立刻行动起来，努力行动起来。不要随便认输，不要轻易沮丧，坚持到底，你就能实现自己梦寐以求的美好愿望。

其实，每个人都有着自己美好的愿望，那为什么有很多人行动起来了，却没有成功呢？因为在实现愿望之前还有一个前提条件，那就是要有丰富的知识储备。如果你是一个智慧平平的人，那么你就更应该想办法去提升自己的能力，培养自己的优势。就你而言，如果你想成为一个知名企业的员工，从现在起你就得去学习很多知识，比如市场的供需状况、行业发展的趋势、面对客户时需要用语言做好许多工作，等等。现在的你，还有足够的时间去学习，因为你现在还没有踏入社会，没有那些烦琐的公务缠身。所以你现在必须用心去做事情，不断地充实自己，努力开阔自己的眼界。

取得成功的人并不都是那些智力超凡的人。即使一个智力平平的人，只要在年轻时有了足够的知识积累，并且能够将这些知识转化为能力，那么他也同样可以取得成功。我知道，现在的你很明白自己想做什么、应该做什么，但是却总是不能静下心来专心去做。我想，这应该就是你自己的这种怠惰的态度，阻碍了你前进的步伐，其他的理由，我实在是想不出来。

以我的经验来看，你所谓的办不到的事情只不过是你懒惰的借口而已，进步或是成功是需要你付出行动去争取的。遇到困难的时候，要将这些压力转化为你前进的动力，让它们成为你通向成功之路的垫脚石，让它们来激发你更加奋发向上的劲头。所以这时候，千万不要灰心丧气，一定要努力咬紧牙关，为了理想的实现，抱着一定要出人头地的决心，坚持不懈地做下去。

在你人生成长的道路上，遇到些难题是非常正常的，要想解决它，只有一条途径，那就是掌握更广泛的知识。需要注意的是，专业以外的"常识"也是知识的重要组成部分。在众多的知识中，有些知识是作为某一特定职业的人必须懂得的，但对其他人来说就无所谓，知道也可，不知道也无大碍。例如在军事方面，对于一般人来说，他只要了解一般性的知识就足够了。可是，有很多学科之间都是有密切联系的，无论你将来从事什么样的职业，有些知识你最好都能彻底了解一下，比如语言学、历史、地理、哲学、伦理学等。如果追求的境界再高一点的话，最好对各国的政治形态、军事、民事、经济状况等也做一些了解。当然我也知道，这些知识的掌握不是一朝一夕、一蹴而就的事情，需要付出很大的努力和耐心。这些知识内容未免有些广阔、庞杂，但是你知道的，不积跬步无以至千里，只要你一点一点地去吸收、孜孜不倦地去学习，相信你一定能够学好的。只要坚持不懈地去学习去积累，相信将来的你一定会为拥有这些丰富的知识而感到自豪和骄傲的。

相信你也看得出来，我是非常关心爱护你的，但我绝不会溺爱你。所以，你身上的任何缺点，只要我发现了，就一定会告诉你，绝对不会包庇你，因为我觉得这样做是身为父母应尽的义务，也是一种责任。与之相应，身为子女的你，也应该努力将自己身上被父母点拨过的过失之处改正过来，这也是你应尽的义务和责任。所以，希望你能够虚心接受，并加以改正，这样身为父亲的我一定会为你感到骄傲的！

第 35 封信 再小的事情也要付出全力

在这里，我要进一步强调的是，在你平时的处事中，即使是再细微的小事情，也要努力去把它办好。只要这件事情有一点点做好的价值，而且你又为此而努力了，就可以取得了不起的成就。所以我想奉劝你的是，无论大事还是小事，不管多么细微的地方，你都必须付出你全部的注意力。

前几封信中，我已经对你谈到，要想成为受人尊敬的人，就必须学习更丰富的知识，增长自己的见识，并养成良好的处世态度。这里，我还想提醒你的是，在平时生活中，不要忽视小事情的价值。再小的事情，只要有做的价值，就要坚持去做，做了就是值得敬佩的。就像穿着这样的小事，也不可过于随便，平时要多留心观察人们在不同场合的穿衣搭配、风格与气质等。

世上有很多人一年到头忙忙碌碌，到年底了，却发现不知道自己忙了些什么。因为他们不懂得区分事情的轻重缓急，主次不分，甚至把重要的事情和不重要的事情弄颠倒了，所以把大把的时间和精力，全部耗费在无聊的事情上了。这样的人遇事只看皮毛，不深究本质，是很可悲的。这样的人，很多时候，遇上人，跟人交谈时，不是去了解对方的性格与倾向，而是去关注对方的衣着妆容；做生意，跟人谈判，不是去研读条款的严密性、恰当与否，而是去关注条款的形式；看演出，不是去欣赏情节的跌宕，而是去关注道具的完美与否。这样本末倒置的人，难成大器。

注意力散漫的人，一般是指那些没有将心思专注于一件事的人。自由散漫惯了的人，很少能与人愉快相处。他很可能昨天还对你如沐春风，亲切有加，今天见到你却已形同陌路，或避而不见了。也可能大家在一起闲聊天时，他没有办法插话进来；或是大家兴高采烈谈论某个话题时，他却要生硬地插入另一个毫不相干的话题。这样会让在场的人都觉得很不舒服，这就是精神不集中的表现。除此之外，还有一种情况，就是某件事情占据了他所有的心思和注意力，他就像着了魔一般，其他的什么事情都不入脑不过心了。当然，世界上确实有这样的人，著名科学家牛顿就是个典型的例子。但像他这样的天才古今中外，在人类的历史长河中也没几个，毕竟是极少数。就是因为大家都接受了他是个伟大的天才这样的事实，所以他这么做人们可以接受他。但作为普通人来说，如果你不顾周围的人的情绪和需要，只是沉溺在自己的思绪中不能自拔，不能保持清醒的头脑，那么很快你就会被大家当作一个反应迟钝、动作迟缓的大傻瓜，最后只能会因你的不入流或不合群而被人唾弃。

我总认为，和注意力散漫的人相处，自己有一种被侮辱的感觉，这真的是一件令人非常不快或是很难忍受的事情。可以想象一下，如果让你站在一个你很敬畏并且深爱的人面前时，还要表现出一副漫不经心、满不在乎的样子，你能做到吗？这应该是很难的吧。也就是说，不管什么时候，当你面对你认为值得注意的人时，都应该集中精神，全神贯注地去应对。同样，当别人以高度的热情和专注跟你交谈时，你也一定要回报以热情的关注与倾听。

拿我自身的经验来说吧。如果和一个漫不经心、没有把心思放在我们所聊的话题上的人一起聊天，我宁愿他是个死人，起码死人不会把你当傻瓜看待。但是，当我和一个心不在焉的人在一起时，我会觉得浑身都不自在，他的态度就好像在暗示我，他认为我是一个不值得注意和尊重的人。这实在让人难以忍受。

退一万步讲，即便对方对你的这种漫不经心不去计较，但是，注意力如此松散，对你个人也没什么好处。因为如果你是一个注意力集中、用心学习的人，你可以通过仔细观察和你相处的人的人格、态度、行为、处世风格，甚至是当地的习俗，就可以学到很多东西；但如果你是个散漫的人，就很可能一无所获，只是在白白浪费时间。像这样的人就算是真的能够有机会和许多伟人相处，他也肯定无法从伟人身上获得丝毫的教诲和经验。一个无法集中精神、投入全部精力去做事情的人，是无法圆满地完成一项重要工作的，他更不会成为你永久的知心朋友。

在教育你的过程中进行一定的资金投入，我是非常舍得的。只要能让你学有所得，我是不怕花钱的。但是我并不打算为你花钱去雇用一位"唤醒人"。斯威夫特的《格列佛游记》里的唤醒人的故事，你还记得吗？

在游记里的拉普坦人中，有很多就是些经常沉迷于深远思索中的哲学家，他们可谓是"思想的巨人"。但他们沉迷的程度让人惊讶，他们自己无法从沉迷中自主地走出来，他们需要有一个唤醒人来唤醒他们体内的发声或听觉等生理器官，不然，他们就无法说话，也无法听人说话，更无法与人交流。所以，在生活宽裕的拉普坦人家庭中，都有一位他们邀请来的唤醒人，负责唤醒他们的家人。没有唤醒人的协助，整个拉普坦人家庭就无法进行正常的交流，更不可能离开家半步，即使像散步这么简单的事都会变得遥不可及。可见一味地沉迷在思考之中是一件多么危险的事情，他不知道什么时候会一脚踩空，摔下悬崖，一命呜呼；他们也不知道什么时候会一头撞到柱子上，或者走在马路上撞倒人，或者闯进狗屋里去。

当然，我并不认为现在的你已经像拉普坦人那样，沉迷于深远的思索，变得注意力散漫，无所事事了。你现在的情况是脑子空空如也，什么事都不放在心上，有些漫不经心。我相信你可以凭借自己的力量调整好状态，拒绝散漫。至于唤醒人，我现在应该还不用花钱给你请吧？

第36封信　在挫折中保持积极的心态

在人生的旅途上，"失败"无处不在，但你要相信在使你跌倒的石块或荆棘附近，定会有一条通往成功与辉煌的迂回之路。

这几天，我明显感觉你的状态很不好。你整天意志消沉，萎靡不振的样子，好像把自己看成是一个一无是处的人、一个彻底失败者。你的心情也很浮躁，一副烦躁不安的样子，动不动就火气冲天，怎么突然觉得你变成了一个难以相处的家伙。你的人生不应该这么脆弱吧，像陶瓷一样脆弱的人生太容易被碾碎了。

看到你现在的样子，我真的很着急。因为，陶器一旦破裂，就再也无法恢复原样了。可是我亲爱的孩子，你精彩的人生才刚刚起步啊！

我知道，你付出了这么多努力，却没能考上你梦寐以求的大学，对你来说是个重大的打击，到现在，你仍然没有勇气去接受这个你不愿意看到的现实。但是孩子，在人的一生中，失望与快乐是并存的，"塞翁失马，焉知非福"。你必须调整状态，坚强起来，勇敢、冷静地面对现实、面对自己。

其实，事情远远没有你想的那么糟。如果你甘心承认失败，并且不愿意再去做任何尝试，那你才是真正失败了。所以，今后如果在希望落空时，你能很坦然地面对，仅仅把它当作是一时的退却或生活的必然考验，而不是看作毫无道理的彻底失败，那么，你就永远不会轻易地被困难和挫折所打败！

很抱歉孩子，我没有尽早告诉你每个人在处理事情时都要在心里上随时做好应付"万一"的准备。没能早点告诉你，这真是我的疏忽。那么，孩子，我现在就郑重地告诉你：在人生的重要阶段，任何事情的成功都不会那么简单，成功不能被想象成顺理成章的事情。无论何时，都要为事情进展的各个阶段，特别是最后失败的阶段做好充分的准备，要随时做好为失败后拟定新的替代计划的准备，以图东山再起。

莎士比亚有句名言说得很贴切："希望往往会在最有希望的时候落空。"一直以来，你在学业上都是非常优秀和十分顺利的，没有受到过什么挫折，所以长此以往，自然而然，你就把走进梦想中的大学当作是理所当然的事情了，没有想过考得上或者是考不上怎么办。可以说，你对这次的落榜完全没有做任何心理上的准备，所以，这件事在你心里上留下的巨大创伤就可想而知了。

可是，人生不可能总是一帆风顺的，迂回曲折才是它的常态，是我们每个人都不得不面对的现实。在你以后的成长道路上，困难与挫折会不断向你挑战。在这人生的转折点上，你看待事情的态度很关键，如何去应对，进退抉择都掌握在你自己手中。

孩子，拿出勇气来，接受我的建议，继续前进吧。就像刚才所说，勇敢地面对失败，把它当作自己前进道路上的一种"考验"、一种"挑战"……

不要因为失败了，就把自己的优势也忽视了：你高中毕业时成绩优异，勇气与耐力曾让你在校内外很有名气，并得到大家的认可；你英俊潇洒，身体很棒；父母对你的爱与支持环绕着你，家庭安泰；另外，在经济上，你也不曾有过为难。

并不是每一个人都具备你这些优势，但也不是有了这些优势你就不会遇到挫折，就不会失败。记得法兰克·伍德·奥玛略说过："人生本来就是连续不断的不幸。"对此我却不敢苟同，因为这是永远的失败者才会说的话。孩子，这"出乎意料"的事已经发生了，我们还是想想对策吧！

当务之急，我们要先从心理上彻底改变"失败者"的情绪，以积极乐观的态度，行动起来，联系其他大学。你所钟情的那个学科，不是只在一个大学里开设的，很多学校都有。虽然师资阵容不同，但最影响你将来的，并不是你学业生涯中偶遇的某一位教授，而是你自己的努力与拼搏精神。

高中时优异的学习成绩是助你成功的重要基础，现在仍然是你的优势。如果你能下定决心，勇敢地去申报其他大学，肯定会有好消息的，只要努力就一定会得到回报的。孩子，记住，要做自己命运的主导者和掌控者。最近，你总把"自己的人生到此为止了"这样的话挂在嘴边，这是绝不可以的。

年轻的你才刚刚走出人生的前几步，以后的路还很长。人的一生总会遇到各种各样的情况，虽然我们也有可能屡屡被困难打倒，但正因为这样，我们的人生才有机会向更新、更好、更有希望的方向转变！

事实上，许多的年轻人，都会因为遇到这样那样的挫折，或者是遇到和你现在完全相同的情况，就认为他们所追求的梦想都破灭了，从此心灰意冷，一蹶不振。于是，他们就选择退缩与萎靡，剩下的只能是对命运不公与冷酷的抱怨了。

更可怕的是，他们逐渐变成了在事业和追求上的胆小鬼，这确实让人遗憾。实际上，真正对你的人生起决定作用的，并不是那些发生在你身上的偶然事件，而是面对偶然事件时所持的态度。也就是说，你要拿出拒绝失败的勇气与意志来面对你所遇到的困境、挑战和挫折。

当然，放弃理想，心甘情愿地做个一事无成的人，是件很容易的事，并且我们周围有很多人也在这样做。但是我相信，你是不会甘心去做他们当中一分子的。

一个真正的勇者在面对失败时是不会退缩的，他只会把困难当作对自己的挑战与考验，用毅力、坚持与智慧，在"经验"基础上创造出别样的人生，他们绝不会因为一时的失败而停止自己追求理想和梦想的脚步。一个敢于正视失败的人，在这里吃了闭门羹，他定会积极去敲开另一扇门，屡败屡战，直到胜利。年轻的你，如果能真正学到这样的处世态度，这将是你未来人生道路上弥足珍贵的制胜法宝！

当然了，成功并不都是要去成为君王卿相，要想实现这个是不太现实的，但其他的，我们都可以去争取。所以，无论何时，只要你以积极勇敢的态度面对人生的"迂回曲折"，还有什么愿望不能实现呢。

只要你反复鼓励自己"我一定要胜利，我一定能胜利"，不知不觉中，自己的潜意识便会自然而然地"指点"你下一步该怎样走。这是因为，你的心基本上会把你所掌握的各类材料进行综合判断，提出切实可行的解决方案。

我一直不认为你没有考取梦寐以求的大学是一件坏事情。"塞翁失马，焉知非福"，上帝会让你在其他方面有意外的收获！这一点，虽然并不适用所有的挫折，但只要你能够勇敢地真正地从"失败"中走出来，今后再遭遇失败时，就会有一个积极乐观的心态。

我建议你应该多去接触一些成功人士，真诚地向他们请教一下如何才可以建立起自己的"地位"。相信你肯定会听到这样的回答：挑战、坚强、忍耐力，以及那些为了追求目标时所必须经历的坎坷之路。

在人生的旅途上，"失败"无处不在，但你要相信，在使你跌倒的石块或荆棘面前，定会有一条通往成功与辉煌的路。

第37封信　漫不经心的危害

现在，我明确地告诉你，如果你不在这方面有大的改观，我是不会安心的。因为，我知道，没有一件事比"漫不经心"和"心不在焉"更令他人恼火了，因为这意味着最大的蔑视，人们从来都不会原谅一个对自己轻视的人。

最近，我向查尔斯·威廉姆勋爵问起你近来的情况。他对你赞许有加，称赞你知识渊博、谨慎精准。坦白地说，我心里非常高兴，这正是我最想听到的。但是，他也向我指出了一些你的言行举止中有待完善提高的地方。他告诉我，你经常会在一些聚会场合走神或注意力分散，简直"让人难以容忍"。那应该就是查尔斯·威廉姆勋爵所说的"漫不经心"与"心不在焉"吧？

通常情况下，我们说某某人注意力散漫，指的是他没有集中精力用心去做正在发生的事情。有这种毛病的人，在一些聚会场合，是很不受欢迎的，因为人们无法与他愉快地相处。

原因很简单，就是这种人很有可能是昨天在宴会上、舞会上、酒吧里或其他地方还对你热情洋溢，可今天对你就视而不见了。更有甚者，大家都在聊天儿的时候，他一言不发，神情呆滞，但当他突然间想到一件与当前话题根本无关的事情时，会强行将另外的话题插入大家的话题之中。这就是漫不经心、精神不集中的突出表现。

除此之外，还有另一种可能，他的思想一时间只被某件更重要的事情占据着，使他一直处于着迷甚至于癫狂着魔的状态。世界上像牛顿这样的大师级天才的人物有这样的状态也就罢了。在人类历史长河中，像牛顿这样的天才毕竟是极少数，而且他的天才是被众人所认可的，所以他这么做，大家还能容忍，也算是情有可原吧。

可是，对我们普通人来说，如果你不顾及周围人的感受，依然沉溺在自己思绪的小天地中，无视大家的存在，那么，你很快就会作为一个不合群的异类被整个团队抛弃。

这些"小事"在一些不谙世事、不识交往准则的人眼里，也许是不值一提的，但对我这个懂得世故人情的人而言，它不仅重要，而且还值得认真关注，所以你一定要改正。一直以来，我对你大大咧咧、不注重细节的毛病是不能忍受的，在此多加提醒、告诫，希望你能注意。

现在，我明确地告诉你，如果你不在这些方面有大的改观，我会心躁不安的。因为，在我看来，"漫不经心"和"心不在焉"会令他人恼火，因为这意味着对别人最大的轻视或不敬。任何人都不会轻易原谅一个对自己轻视和不敬的人。

我确信，一个连自己的注意力都支配不了的人，无论如何是不可能做好正事并且与人和谐交谈的。从我个人角度来说，如果在与别人交谈的过程中，我很明显地感觉到一个人对我说的话既不聆听，也不在意，一副漫不经心的样子，那么，同他交谈，简直就是我的耻辱。

我认为一个心不在焉的人是不可能观察到他人的性格、习惯和举止风度的。那么，也就是说，就算是他有机会与一些正派、儒雅的人交往，但最终也是一无所获，从别人那里也学不到任何好的东西。

此外，还有一种可能，就是他永远也不可能融入到那些正派、儒雅的团队里。如果是我，我宁愿去跟聋子交谈，也不愿意接受一个心不在焉的人。与其那样，我还不如同一个死人交谈，因为死人虽然不会对我的谈话做任何反应，但起码他也不会向我流露出轻蔑和不敬的神态；而一个心不在焉的人，就算他没有说话，但他的散漫神态在暗示着我，他忽视了我的存在和价值。

世上，从年头忙到年尾，忙忙碌碌的人很多，因为他们总是抓不住重点，所以把很多宝贵的时间都耗费在无足轻重的事情上了。与生人谈话时，他们总是盯着对方的衣着、妆容，却丝毫无视对方的品质、人格和修养；观看演出时，他们对演出道具津津乐道，而不关注剧情本身；即使是在谈判生意时，他们也无视关系利益的条款内容与细节本身，却抓着条款形式不放。这样的人最后只能一事无成。

在对你的教育问题上，我从不吝啬，只要你能受到良好的教育，投资不是问题。但我也绝不会花钱给你雇一个专职的"唤醒人"。唤醒人的故事，你应该在斯威夫特的《格列佛游记》中读到过。在那本脍炙人口的游记中，记载着"漫不经心"的拉普坦人。他们中的很多人都是经常沉迷于深远的思索中的空想哲学家，沉迷于思索中不能自拔。因此，在每个生活宽裕的拉普坦人家庭中，都会邀请一位"唤醒人"。

如果没有唤醒人来唤醒他们，这些拉普坦人既无法彼此交流，也无法与外人交流。所以，在拉普坦人的日常生活中，如果缺少了唤醒人的协助，主人就寸步难行，甚至连外出散步、去邻居家串门都是很难达成的。这都是因为沉迷在思考之中的拉普坦人，无法控制自己的行为，他们不知什么时候就会一脚踩空，摔下山崖；也不知道什么时候就会一头撞到柱子上，或者撞倒人，或者闯进狗窝里去。

当然，我并不认为你已到了拉普坦人那样需要唤醒人那样的程度，你只是有时头脑一片空白，注意力散漫，不知道自己该做什么、能做什么。孩子，你一定要改掉这个恶习。只要有决心和毅力，并认为有必须战胜它的必要，每个人都能够战胜"漫不经心"的毛病，相信你也能。

同时，我也希望你能认真思考一下，当你站在一个让你很敬畏的人面前时，你漫不经心、毫不在意吗？当你站在你深爱的女人面前时，你漫不经心吗？我想应该不会吧！也就是说，当你在面对自己认为值得关注的人时，都会精神集中、全神贯注地去应对。同样，当别人以一种高度的热情和专注跟你交谈时，你也一定要以同样的专注去回应他，这是彼此尊重的表现。

第 38 封信 稳重的生活方式和处世态度

社会生存处世的一个重要原则，就是不论在任何时候、任何境地，与何种人交往，都要保持一种"稳重"的生活方式与处世态度。

我觉得从现在开始，你必须对人进行认真的研究，尤其是有关人的性格与态度的研究。换句话说，你必须要充分学习这世间的人情世故。不管你年龄多大，也不管你官居何位、身在何处，这种学习你永远都要坚持，因为它太重要了。

当然，对现在这个年纪的你来讲，要掌握好这门学问，是有一定难度的。你可能会纳闷，甚至怀疑我所说的这类知识难于掌握的看法。但事实就是如此，因为当今社会愿意将人生的智慧和处世哲学教给年轻朋友的，已越来越少。社会上的人或者是教育机构都普遍认为，这些知识的传授不是他们的责任，甚至学校的老师或教授们也这样认为。在现在的教育观念引导下，语言和数学方面的基本知识，和一些只有在某些专科门类中的少数人才能懂得的知识，成了学校教育的主体。你要再想学到其他更多的东西，基本上是不可能的。导致出现这种状况的原因，主要是因为他们对人生智慧与处世哲学这类知识都非常漠视，认为这些东西都是些不能登大雅之堂的庸俗知识。

在这种教育时尚的引导下，作为孩子第一教育者的父母，也不得不去违心地迎合，否则，他培养出来的孩子就有可能不被大众所接受，或被视为另类。当然了，父母不去教给孩子们这些知识，也可能有其他的原因。比如，有的父母或许认为自己水平不高，没有能力去教孩子；还有的父母可能是工作太忙，时间太紧，而没有时间和精力去注意这一点；还有的父母呢，对此抱着一种无所谓的态度，漠不关心，所以就不教了。

值得欣慰的是，也有部分聪明的父母，能够看到这类知识的价值所在，希望孩子们在社会上多学习一些待人处世的方法，以便在未来的人生道路上走得更顺利。

以我之见，每个生活在现实社会中的人，都应该学会正确的处世态度和技巧，这是他最基本的生存技能。如果人生是旅途，那社会就像一座迷宫，在年轻人进入这个迷宫似的社会之前，我们应该请一位曾经历练的智慧的先来者为他们画一张略图。这张略图，我下面讲到的内容就是。

有人说，不管多么伟大的人，要想得到他人的尊敬，成为受人敬仰的人，威严是不可或缺的。那么哪些是不够威严的态度呢？比如喜欢愚弄人，不分场合随意大笑，不分对象地乱开玩笑，不顾场合地乱讲笑话，不分生人、熟人乱讲一气，待人不分生疏，等等。如果养成了这样的生活态度，即使你的学识再丰厚渊博，也很难让别人对你心生敬意，相反倒有可能被人当成傻瓜、另类。

虽然性情豪爽是一件好事，但是如果一个人的态度过于随便，没有原则性，他肯定也很难得到别人的尊敬，而且这种性情的人，还会在不经意间给自己的生活惹来麻烦。比如，他们说话大大咧咧，不知深浅，不注意分寸，常常会惹长辈生气；在不适当的场合开不合适的玩笑，也会在无意间伤害了朋友。另外，用毫无顾忌的态度去对待比自己身份和地位高的人，则会让他们感觉你没有涵养，不可委之重任；同样，用过于随便的态度去对待身份和地位比你低的人呢，就很容易引起对方的误解，他们会以为你那是哥们义气，可能向你提出各种不当要求。开玩笑的情形也是如此，如果你玩笑开得太多，即使在正式场合谈到正经事，别人也以为你是在戏说。这样势必会误了要事。

个性豪爽的人虽然比较好相处，但要想受到人们的尊敬，你就得把握好豪爽的度并加以利用。以我自己的生活体验，在一些非正式的娱乐场合，我们经常期待这类人的加入。比如，因为那个人性格豪爽，歌唱得也不错，我们就很享受与他愉快相处的时刻；或者因为某人性格豪爽，舞也跳得不错，所以我们乐意邀请他去参加舞会；或者因为他喜欢讲笑话，非常幽默，所以我们也高兴约他一起吃饭……

人们之所以乐意在这些场合找他，主要是为了满足自己娱乐的需要，凑热闹，调气氛。但是，如果人们只是在这种时候才想到他，这并不是件什么好事。如果真是这样的话，这绝对不是真的在夸赞一个人，很可能是在贬损他。如果一个人除了娱乐方面的"优势"外，别无其他价值的话，那么他肯定不会被别人委以重托，人们也不会发自内心地尊敬他。

如果一个人仅仅依靠一方面的特长去获得别人的友谊，那其实就没什么价值可言了。因为他不具备别的特长，或者他没有其他的优点来展示，人们是很难对他肃然起敬的。

因此，社会生存的一个重要处世原则是，不论在何时何地，与何人交往，都要保持一种"稳重"的生活方式和处世态度。

那么，到底怎样才算具有稳重的态度呢？所谓稳重态度，就是你的"威严"在待人接物中要体现出来。当然，这里所说的威严的态度是不能与那种骄傲自大的态度相提并论的，这两种态度应该说是完全相反的。这种反差如同鲁莽并不是勇敢的代名词，乱开玩笑也不是机智幽默一样。当然了，我也没有要去贬低那些具有骄傲自大态度的人的意思，但是傲慢、自负的人确实不招人喜欢，甚至遭到嘲笑或轻蔑。

你应该有所体会，对待那些故意将物品价格抬高的商人，你肯定也绝不心软地和他把价格砍到最低吧，但是你肯定不会用这种态度去对待那些报价合理的商人。对待后一类商人，我们是绝对不会刁难他们的。同购物的情形类似，我们对待那种傲慢自负的人，要么将他自我标榜的"价码"拉下来；要么轻蔑地拂袖而去。

一个具有稳重态度的人，是绝对不会对人低三下四或八面玲珑般拍马溜须、极尽谄媚的；更不会去抓住点小事惹是生非，在别人背后说三道四。具有稳重性情的人，不仅落落大方，张弛有度地将自己的意见清晰表达出来，而且还能平心静气地倾听和接受别人的意见。这才是值得你去学习的那种态度。

我们也可以在表情或动作上表现出慎重其事的神态，这可以说是稳重的威严感的外在表现。当然，如果你能在此基础上自然而生动地学会这种风度，那你的尊严感会更强。相反，如果一个人做什么事情都是一种嘻嘻哈哈的态度，对任何事都满不在乎就会让人觉得你很轻浮，没修养。当然了，一个实际行动上草率盲从、做事吊儿郎当的人，不管他的外表看上去多么威严，他也仍然称不上是有稳重威严感的人。

第39封信　痴迷于一件事是非常幸福的

无论什么事，既然做了，就要勇敢地坚持到底，半途而废倒不如不做更好。在你决定某一件事情是否去做时，你一定要静下心来想一想做这件事情有什么利弊得失。所以，一旦决定去做，就要集中精力，全力以赴。

常听人说："眼前虽然发生着某一件事情，或者眼前分明有人在同我说话，但却似乎视而不见，充耳不闻，还总是心有旁骛……"如果这种感觉也出现在你身上，我建议，你要严厉责问自己：为什么其他事情总会莫名其妙地在脑子里打转？这些事情真的就这么重要吗？

经过这番自我质问，你会发现，其实，那个时候你什么都没有想，脑子里只是一片空白而已。

也有很多人，他们忙碌了一整天，临睡前，回想起一天的工作，却发现最终一件事情也没有完成好。这样的人，即使把一本书读了两三个小时，所看到的也只是表面的文字而已，事后回想起来，自己到底有什么收获，他是一点儿也想不起来，更不要说具体内容了。

这类人和别人交谈也是一样，漫不经心，有时甚至会显露出自己没有丝毫积极参与的欲望。这是因为，他们不能仔细地观察谈话的对象，自然也无法把握谈话的内容。这样的人在很多场合都会有一种与己无关般的无聊。

这种漫不经心的人，即使他们走进剧场看戏，也不会把注意力放在剧情上，他只会注意身旁一同前往的人，或者是灯光、照明等现象。

也许，好心的人此时会建议，既然无法集中注意力，干脆休息一下；或者说，既然已无法集中注意力工作，那就停下来，好好去娱乐一下。但事实是，这些人不仅不能集中精神工作，甚至也无法把精神集中在娱乐上。也就是说，他们即便停下手头的工作，也不能好好地定下心来去玩，因为他总是颠三倒四，又患得患失。

我很高兴，上面的情形没有发生在你身上。我在几天前收到哈特先生的来信，他在信上再三称赞你，读信之后，我非常高兴。如若真像哈特先生所说，你取得了如此长足的进步，我相信你以后会更加勤勉地学习。作为我的儿子，你如果连我对你的进步有种无比喜悦之情都不能觉察的话，那就太令我不解了。

信上，哈特先生夸你学习非常认真，态度也十分积极，注意力也相当集中。并且，你的理解力和领悟力也增强了不少。这一点，如果你能坚持下去的话，以后的学习就会越来越轻松愉快。依我看，在学习过程中，兴趣会随着你的努力程度的增加不断地呈现出来。

与别人相处，也和读书一样，需要集中精神。读书时，应将注意力全部集中在书中，让思绪在书本中驰骋。与人相处时，应将注意力集中在重要的事情上。这一点，非常重要。

无论什么事，既然做了，就一定要坚持到底，半途而废倒不如不做来得更好。在你决定是否去做某一件事情时，你就要静下心来想一想做这件事情到底有什么利弊得失。一旦想清了，决定了，就要集中精神，全力以赴。

在学习过程中，一定要记住我再三向你强调的要点，做事集中精力是最重要的。在你做一件事情时，一定要抛开所有杂念，专注地去做好这件事。其实游戏也是跟学习一样的，我热切地希望你能够在游戏、学习中都能保持一样的认真、投入的状态。

相反，如果上述两种场合里你都不能很好地集中注意力，那以后无论做什么事情，都将会无果而终，更别提从中获得满足感了。如果一个人无法将自己的精神和注意力集中到所要关注的对象上，或者无法将不必集中关心的对象从大脑中驱逐出去，这样的人到头来只能一无所获、一事无成，甚至连玩耍也无法尽兴。比如现在我们要阅读《荷马史诗》，那就应当全神贯注，将精神集中于此，你可以一边思考书中的精神内涵，一边学习其精湛的写作方法，千万要保证自己的注意力不转移到其他作品或事情上。

希望你能先想象一下，在某个盛大庄重的宴会上，会不会有人还不停地思索着某个难解的逻辑问题！如若真有这样的人，尽管他也身临盛宴，却始终无法享受到宴会的丰盛和与人交谈的其乐融融，并且他心不在焉的举止还会让周围的人感到他很另类或是不合群，也就不可能受人欢迎了。

相同的道理，如若某人在房间里进行理论问题研究时，突然某个音乐的场面映入他的脑海，想象一下，这样的人怎么可能会成为优秀的理论家呢。

当然，虽然我一再强调在同一时间只能做一件事，但一天的时间还是很长也很充裕的，你可以理清思路，分别做好几件事情。不过如果你非把某两件事情同时着手去做，即使耗费一年的时间，也未必会出好效果。

德威特先生是我国著名的法律顾问，最近刚刚去世。一直以来，都是他一手承办我们的法律事务。这个人不但能将这些烦琐的事情处理得游刃有余，而且每次夜晚的聚会他也从不缺席。白天的他公务繁多、紧张忙碌，但是晚上他仍能有充分的时间和精力与大家共进晚餐。

很多时候，德威特先生虽然手中工作繁杂、千头万绪，但闲暇时一旦邀请他参加晚上的娱乐节目，他仍然可以安排出时间。那么，他是怎样做好这些时间安排的呢？他说："其实，也很简单，我每次只做一件事而已，今天的事情今天一定要做完。"

德威特先生能够真正做一件事情的时候就静下心来，排除一切干扰专心工作。这一点说起来轻松，做起来却不那么容易，但是他做到了。或许就因为他有了这种能力，才有了今天的成就吧！相反，那些做事匆匆忙忙，什么事情也集中不起精神来的人，肯定会浪费不少时间。

另外，我还要提醒你，一个只知道每天叹息"我今天几乎没做什么事情"，又没有决心去专注于一事的人，永远也无法取得那么大的成就。

第40封信　每一分钱都要用在刀刃上

即使拥有再多的金钱，如果老是稀里糊涂地使用，经常不假思索地买回一大堆没用的东西，那么，即使再多的钱也不会助你走向成功；相反，尽管身上的钱不多，却能精打细算，经常把钱用在"刀刃"上，使之发挥最大价值，那么，钱少也能做大事。

聪明的人从来不会轻易浪费时间和金钱。就算是一分钱、一块钱的花费，也要对自己或他人有用，或者是可以带来效益才行。可是愚蠢的人就不这么想了，他们经常会把钱花在一些没实际价值的事上。比如，他们常常面对柜台上的鼻烟壶、手表、拐杖等没用的东西而倾心，或者在店员的极力推销与蒙蔽下掏腰包。他往往把钱花在不必要的事情上，真到关键时候反而拿不出钱来。

孩子，你已经慢慢长大了。随着年龄的增长，你花钱的方式和途径也应有所变化。今天，我就把准备留给你的钱告诉你，希望你能以此为据，制订好自己的花钱计划。

用于你的学习和交际的花销，都是必需的，我很支持，只要你需要，我全力支持。学习需要的费用包括买书本的钱、聘请好教师的钱，当然还有外地求教于学识丰富者所用的旅行费用——如住宿费、交通费、服装费、请人协助的费用，等等。

我认为交际费也是不能省的。与人交际的费用包括参观某项活动的费用、旅费、必要的游乐费、其他突发性的费用等。当然，我只负责给你报销和那些优秀人士的交际费。

此外，还有一些偶然的额外支出，例如为慈善机构募捐的费用、赠送给曾经帮助过自己的人的礼物和红包费用等。顺便提醒一句，社会上巧立名目的慈善募捐太多了，希望你不要上当受骗。

我绝对不愿意并且肯定也不会为你支付的费用是：为无聊的打架的赔偿金，因懒惰、无所事事所必须付出的钱。总有人会把钱用在对自己无益的事情上，甚至用于有损自己名誉的事情上，这绝不是聪明人办的事情，只有愚笨的人才会把钱用在这类事上。

关于金钱使用的问题，我想给你几点忠告：

1. 尽快学会"好钢用在刀刃上"

有人把它称之为"金钱哲学"，其主旨大意是：即使拥有再多的钱，如果老是糊里糊涂地使用，经常不假思索地买回一大堆没用的东西，那么，即使再多的钱也不会助你成功；相反，尽管手里的钱不多，却能细心使用，经常把它用在"刀刃"上，让钱发挥最大价值，不该买的东西绝对不买，那么，即使不多的钱也能使你办成许多事。

我再说说金钱的具体使用方法吧。我希望你最好尽量用现金支付，而且尽量不要委托别人替你支付，自己能亲自去的一定要自己去。你要知道，如果委派他人付款，你往往需要支付对方一定的手续费或谢礼。

平时买东西，要尽量避免出现以下情形：因为价格便宜而买回许多没用的东西，这并不是节省，反而是浪费；也不要为了获得某种虚荣心而买很贵的东西，这样更不好。我希望你能准备一个笔记本，把你买东西的花费记录在账。这样，金钱的出入账目清晰，有据可查，不会出现想不起钱都花到哪儿去了的状况。

当然了，平时你应该精打细算，但也不要过于斤斤计较，不需要详细记录的花销，比如平时的交通费、买戏票的钱等。如果连这么琐碎的事都要记录的话，那就不仅是浪费了时间和精力，还会使自己无意间变成一个地地道道的守财奴。

在其他事情上的投入，应该和用钱很相似，我也希望你不要眉毛胡子一把抓，要分清主次、轻重，要尽量做到只关心值得关心的事情，琐碎的小事该放就放，这一点一定要记住。

2. 尽早把握住"实物"的分量

一般说来，聪明的人能够比较准确地把握住实物的分量，但愚笨的人往往做不到。就像使用显微镜看东西一样，它可以让很微小的东西放大起来，在显微镜下，跳蚤也会像只大象。不具备能够把握实物能力的人，就会犯同样的错误，在他们的放大心理下，小东西被放大后还能看得见，但糟糕的是，真正大的东西被放大后他反而看不清楚了。

还有一件事一定不要去做，那就是在金钱上过于小气，经常为了一点点金钱与人发生争吵或纠纷，不知不觉间被人称为守财奴。还有，不要去做任何不切实际的事情，比如希望过上与自己收入不相称的奢华生活，这样就可能会损失一些自己力所能及范围内的"重要的东西"。

一般说来，心理健全而意志坚强的人，都能够正确判断出自己力所能及的和力所不能及的事情。可这个界限又不那么清晰明确，会区别的人很容易就能辨认出来，可粗心大意的人往往费了很大劲也看不出门道。

我相信你对于自己能力所及和能力所不及的范围，还是有比较好的了解的，但希望你最好能再多注意一下这个模糊的界限，以使你能更清楚地加以区分，你自己一定要坚持不懈地努力。另外，相信哈特先生会在一旁协助你，以帮你步入正轨。

也许真的有人善于"走钢丝"，但能够在能力范围的界限内走得很稳当的人却不多，所以，有人帮你，我更放心。

第41封信　眼见为实，耳听为虚

年轻人经常会因轻佻浅薄、精神不集中，做事漫不经心，而被讥笑为"视而不见，听而不闻"。如果做什么事都只图表面，蜻蜓点水，不仔细倾听，倒不如干脆什么事都别干！

我想如果这封信顺利到达你手中时，你大概正在威尼斯准备前往罗马吧。正如我在给哈特先生的信中提到，到了罗马，我建议你一定要沿亚得里亚海，到利米尼、罗列多、安可娜等地去看看。无论什么地方，都有历史沉淀下来的价值。不过，只要到当地看看也就够了，没必要在当地停留太久。那一带有许多古罗马的遗迹、闻名遐迩的建筑物及绘画雕刻，都是很值得一看的，希望你用心观赏。如果想花时间少一些，就只留心看看表面就行。不过，至于那些非常值得仔细看的东西就另当别论，必须多花一些时间及精力了。

年轻人经常会因轻佻浅薄、精神不集中，对任何事都漫不经心，而被批评为"视而不见，听而不闻"。如果做什么事都只看外表，蜻蜓点水似的，不仔细倾听，倒不如干脆什么事情也不做为好！

看了你寄给我的游记以后，我还是挺放心你的，能看出来你几乎对于每个旅游景点都进行了细致观察，并且还能够有所思考，这可以算是达到旅行的真正目的了。

如果把旅行仅仅当作一次又一次改变目的地的活动，满脑子只是下一个目的地的路程有多远，投宿、吃饭等琐碎的事情，那么不管他游览多少个景点，行程有多么远，他依然只是个脑中空空的傻瓜。如果在旅游地点，看到教堂的尖塔、时钟或豪华的住宅就欢天喜地，也只等于毫无收获。如此，倒不如待在家里做点别的，免得在外面浪费金钱和时间。

相比之下，那些细心的人，不管走到哪里，都会仔细观察当地的情势，甚至能在当地交上几个朋友，以便更为深入地了解当地的权力关系、政治形态、优劣势、交易规模、土特产品等。也有人通过和当地的知名人士的深入交往，了解其更多独特的风俗礼仪、民族特性等。这些能从旅行中获益良多的人，才是明智的旅行者。所以，这样的人游览的景点越多，收获就越多，人也会变得更加聪明。

关于旅游，我有个好的建议，那就是：让你的旅行的目的地成为"揭秘之地"，带着好奇心去。就拿你将要造访的罗马为例吧，它的艺术精湛程度可以说无与伦比。那里的艺术，借着各种生动形式表现人类丰富的感情，并巧妙地将之集结为各种艺术。在罗马逗留期间，你可以在参观完古罗马神殿、梵蒂冈宫殿或万神殿等景点后，再花点时间去观光。那里艺术与知识的信息量非常大，在那里几分钟的时间，就能收集到别处要花十天时间才能得到的信息。

像罗马这样历史深厚悠久的都市，值得你去深入探究的东西实在是太多了，比如强大罗马帝国的内幕、罗马帝国的本质、教皇权力的盛衰、宫廷的政策、主教的策略、教皇选举会议的秘闻等。

只要是旅游的景点，当地都会有介绍该地的小册子，一定要记得翻阅一下。这种册子也许会有不足之处，但你把它作为旅游指南是没问题的。如果你还对小册子之外的东西感兴趣，不妨去问问当地人，他们一般都会很热情。

再补充一下，关于自己不清楚的地方，建议你去问那些熟悉此事、并对之有较深入研究的人。至于那些读本，大都是些对本国现况不甚了解或一知半解的人之间互相抄袭的结果，所以无论内容写得多么详尽，都很难从中得到完整真实的资料。

当然了，那些书也有其自身的阅读价值。它可以帮你解除某些疑惑，也可以帮你对那个地方有一个大体的概念。先通过书对原来不懂的地方有个大致的了解，然后再去请教当地一些熟知内情的人就可以了。比如，你可以通过与当地士官交流，了解你想知道的当地军队的相关知识。因为我相信，任何人都会对自己的职业有一份特殊的执着和感情，所以士官们应该会很乐意与你一起谈论他的本职工作。况且，只要被问到与自己的职业相关之事，交流起来就会轻松得多。所以，你可以试试，如果在某个集会上见到军人，不妨向他提出问题，诸如训练方法、宿营方式、军服的配给法，或是薪饷、检阅、宿营地等，他们应该会很乐意跟你谈的。

第42 封信 以开放的心态去面对世界

以我的体验，只要你能先把自己是"外国人"的概念清除出大脑，就会更多地看到当地的真实面貌。

还是在哈特先生的来信中，看到了许多夸赞你的话，真为你高兴。看完信后，还有一件更值得我欣慰的事情，那就是，你在罗马逗留期间，始终努力着进入意大利人的社交圈，却拒绝加入由英国妇女提倡而组成的英国人集团。这说明你已经有了自己的是非判断能力，也开始理解我为何要把你送到国外去的目的了。看到这里，我真是太高兴了！

多去了解和认识各国的人民，远比只知道一国情况就感到满足来得更好。希望你无论到哪个国家，都能持守这种内外有别的行动，这是件非常有意义的事情。

尤其是在巴黎，英国人往往只喜欢生活在自己的圈子里，不论这个英国人的圈子里有 30 人还是 300 人，他们都不习惯于和法国人交流。旅居巴黎的英国贵族们的生活形态，都非常相似。首先，他们一般都很晚才起床。起床后就会花掉两个小时时间用早餐。饭后，他们乘马车，陆续去游览宫廷、安巴利德纪念大厦或圣母院等地，然后再到咖啡厅，接着在小酒馆开始他们的连带晚餐的酒会。用餐完毕，他们一般会再喝点酒，接着便成群结队地赶往剧场。在剧场，他们会占满舞台前的所有座位，这种场合，他们一般都会穿着手工粗糙、质地却很高级的服装。晚场戏剧结束后，他们会再次回到原来的小酒馆。这场酒基本上是以酩酊大醉而告终，有时也会和同伴发生些小口角，甚至在街上打架；当然也有闹大了、被警察拘捕的时候。

这样千篇一律的生活不停地重复，使得他们没有时间和精力去学法语，或是去搞懂法语。这样没有长进的生活持续进行着，就算他们回到国内，往往改变的是性子越来越急，而至于以前所缺乏的知识，不会的，依仍其旧。尽管如此，镀过金的他们还不忘炫耀自己，他们也会任意使用法语，或穿着法国风味的服饰，以向世人证明他们是归国学人。然而，这两类人都因莫名其妙的错误而显得不伦不类。如此，这种难得的海外留学生活就成了他们挥霍大好青春年华的方式。

希望你不要跟这些散漫的英国人一样。在法国的这段期间，可以和法国人建立良好的友谊。在这样一个以绅士风度闻名的国度里，你要多和当地的绅士们交往，向他们请教知识，同时也可以多和那里的年轻人交往。

以我的体验，只要你能够先把"外国人"意识清出大脑去，就会更多地看到所到之处的真实面貌。就拿你的旅行来说吧，如果你在一个地方只能有一周到十天的时间停留，就像候鸟暂时停留般，这么短的时间连自得其乐都难做到，更何况要和对方广泛深入地接近了。因此要在这么短的时间里交到朋友，难度太大了。在这种情况下无法与人深交也是可以理解的。但是，假如你在一地能住上几个月，那情况就不一样了。这样，你就有了和当地人打成一片的充足时间，那种"局外人"的感觉也会慢慢克服的。

我觉得，这也许才是你此次旅行的真正乐趣吧！每到一地，都能"入乡随俗"，结交到当地人做朋友，以当地的日常打扮与他们接触，并融入他们的社会和生活，这是一件很有意思的事情。

我认为，这正是了解当地习俗、礼节，以及当地特色的唯一途径，你说收获的东西绝对是你做 30 分钟的典型的正式访问所无法获得的。无论在世界的哪个角落，人类所拥有的特质都是相同的，不同的只是具体表现形式而已。我们有必要了解清楚，各地因风土人情和环境不同，而保留下来他们认识世界的不同形式。例如，我们每个人应该都拥有过一种叫作"野心"的情感。但是，使这种情感得到实现的具体方法，却会因教育或风俗习惯不同而有所不同。又比如，人们都想在与人交往时，自己要尽到应尽的礼节。然而，要把这种内在的理念充分表达出来，也是因地而异的。同样都是鞠躬，英国国王鞠躬是敬意的表现，但法国国王鞠躬却是失礼的行为。对英国皇帝而言，为表示敬意而鞠躬是一个原则。不过，也有的国家在专制君主之前，必须伏身跪拜。这种在礼仪礼节上的差异，也是因时间、地点、对象不同而有所差别。

那么，这些礼仪产生的过程是怎样的呢？也许就是从某件意想不到的事件所产生的情绪化的反应之后，再代代相传而来的。事实上，再聪明的人或悟性再高的人，也都不可能在看完书中的描述或听完别人的讲述之后，就能准确地示范当地所特有的礼仪；只有实地考察过，并亲眼目睹过，亲身体验过，充分了解当地社会习俗的人，才能够做到。

不可否认，礼仪与理性或辨别力相比，并没有太大的关系，它只是一种偶然形成的习惯。但是，既然它已经被当地的社会约定俗成，成为了一种严肃的事情，那我们自然就应该遵从。当然，这里所说的礼节涉及的内容很广，并不单单是指对国王或君主的礼节而言。

在所有的社会里，有很多习惯都是非常类似的，我们最好都要遵从它。比方说，为了祝福人们的健康而干杯，本来是很愚蠢的事，但却几乎是在任何地方都能看到的一种习俗。事实上，我们也都知道，喝一杯酒其实和人的健康并没有多大的关系，那是无法以常识来解释的事。不过，既是常识，我们就应该遵守它。一个思维正常、有理智的人，就应该对人有礼貌，要处处为对方着想。但是，针对不同的情况，比如不同的时间、地点和对象，究竟应该用何种礼节，则只有亲眼目睹、亲身体验才能明白，这点也如前面所述。能够掌握这一点，才是正确的旅行态度。

因此，我的第二个体验是，旅行可以享受到由外到内的乐趣。一个通情达理的人，无论走到了哪里，他都会先了解当地的风俗民情，并且遵从它。我觉得，无论到世界上的哪个角落，都有"入乡随俗"的必要。除了不符合道德规范的事以外，无论任何事都应"随俗"。那时候，"适应力"才是影响我们做好礼节的关键。也就是在面临特定的情况时，你能够在瞬间决定采取足以配合当时情况的态度之能力。面对认真的人，就摆出一本正经的模样；面对活泼的人，就和他一样开朗大方；对于吊儿郎当的人，就和他一样玩世不恭。这种能力对你以后的发展非常重要，希望你尽力去培养。走访各个地方，要用心去和当地人交往，并将自己化身为当地人。这时，你就不再是英国人，也不再是法国人，更不再是意大利人；你不再是哪个国家的人，而将变成一位名副其实的欧洲人或地球人。若能细心学习并能自如地将各地善良风俗为你所用，那么，你在巴黎便能化身为法国人，在罗马则成为意大利人，而在伦敦就是地地道道的英国人了。

　　不过，我感觉你对意大利语的学习好像有些吃力。你可以好好向法国的贵族们学习一下，他们在无意之间，就能念出隽永流畅的优美散文。也许你自己也不曾发现，其实你对意大利语的掌握已经很不错了。最重要的是，你的法语、拉丁语的功底是相当深厚的，有它们做基础，就如同已经懂了一半的意大利语。你可以试一下，也许现在的你可以完全脱离字典了。

　　只是，当地的一些成语或惯用语的巧妙运用，还是需要借助于实地的会话经验来掌握的。只要能仔细倾听对方的措辞，学会这些也不是件很难的事情。因此，不要太计较自己说得对不对，只要你敢于开始用一些用于发问与回答的单字，渐渐地就可以和人交谈了。你不妨试着用自己的意大利语中的"你好"，来代替法语的"你好"。这样一来，对方想必也会用意大利语来回答，你只需把听到的话记住即可。在反复的应用和练习中，相信你的意大利语水平会在不知不觉中迈向新的高度。意大利语，其实没有你想象的那么难。

　　总之，我让你出国学习的目的，就是想要让你掌握这些本领。希望你无论到了何处，都不以单纯的观光旅游为目的，而能认真地探讨当地的深层的东西。也希望你能够轻松地和当地人融洽相处，进而了解他们的习惯、礼节。更希望你能掌握当地的语言。只要能做到这些，我就会感觉你已经很有成就了。

第43封信　拒绝他人的艺术

"不"字是一个具有极强负面情绪的词，在某些情况下，如果你确实需要对上司和朋友使用它，一定要记得面带微笑，语气温和。即使是对那些素不相识的人，需要拒绝的话，也一定要注意自己的方式方法。工作中，可能你会与上司发生某些观点上的冲突，或与上司有了隔阂，或公然与上司对抗。其实无论你采取哪一种方式，都要付出相当大的代价，尤其是当你的领导心胸狭隘时，情况会更糟。这样的上司，一旦听到你的观点与他的不一致时，他很有可能会采取一些对你不利的行动进行报复。所以，如果你想要在事业上成功，一定要在拒绝别人时注意把握好分寸，恰当地使用"不"。

对于很多人来说，拒绝别人的请求是一件很难为情的事。但当你确实有了难处，或者答应别人的请求就会使自己的利益有了较大损失的时候，你就应该勇敢地拒绝别人。只是拒绝别人时要考虑对方的情感，尽量做到不伤害双方的感情。所以说"不"，也是一门很深的学问。

试想一下，当你在请求别人帮助时，却遭到了别人明确的拒绝，你会有什么想法和感受呢？所以，在别人向你提出请求或要求帮助时，你肯定也会不好意思开口说"不"吧。因为，你感觉这样很可能会伤害到对方的感情，甚至造成你们两人关系的疏远。但很多时候，如若只顾及对方的心里感受，勉强答应他的要求，你自己确实也会有难处，甚至会丧失许多本来属于自己的东西。所以，面对这种矛盾，许多人都十分苦恼，不知如何行事。为此，我给你以下几点建议：

1. 在拒绝别人时，你应该尽量顾及对方的面子，注意场合和方式。如果拒绝了别人的要求，同时又让对方感到没面子，那么，不满情绪就会深深地种在被拒绝人的内心。如果在拒绝别人的请求时，注意不让对方丢面子，使对方能够感觉还算有面子，结果可能就会大不相同了。

2. 在拒绝别人的请求时，要始终注意保持温和的态度。在说出"不"之前，请先说出"非常抱歉"或者"实在对不起"之类的话。因为虽然说"不"是你的权利，但考虑到对方的感受会更好一些。之后再将不能满足对方请求的各种理由耐心详细地讲给对方。这种方式，可以尽量避免一些负面影响，对方在感情上接受起来才能更容易些。

3. 在拒绝别人请求时，一定要让别人感觉你对他的人格没有拒绝的意思，拒绝的只是这件"事"，这样的拒绝才算是有效的拒绝。这样下来，事情虽然遭到了拒绝，但你们之间的感情却不会因此而有所损害。你通常可以这样说："我也非常愿意为您效劳，但是非常不凑巧，我这边有件急事必须马上处理。下次有这种事，我一定帮忙。"或者你还可以这样说："我这几天实在忙不开，无法分身。要不你就先请吉姆帮一下忙，他在这方面的业务比我精通得多，如果需要的话，我也可以代为传话。"

4. 在拒绝别人的请求时，最高境界是让对方感觉到你是为了他好才拒绝他的。你也可以这样说："我非常同情你，也特别想帮你，但这方面我实在能力有限，帮不好忙的可能性很大。如果真的帮不好忙，那岂不是既耽误你的工作，又浪费你的财物么。你还是找一个更为稳妥的人试试吧！"或者这样说："时间太紧了，以我自己的水平，这么短的时间，我肯定做不好。要不你就先找别人试试，要是实在不行，咱们再说。"这样，即使他又转了一圈回头再找你时，你也早已有言在先，他自己也会有了一种心理准备，可以"帮忙"的日期就能往后推迟许多。如果听了你的话，他感觉确实不行，自然会找其他人了。

"不"字是一个具有极强负面情绪的词语，在某些情况下，如果你确实需要对上司和朋友使用它时，一定要记得面带微笑，语气温和。即使是对素不相识的人，需要拒绝别人的话，也一定要注意自己的方式方法。工作中，可能你会与上司发生某些观点上的冲突，或与上司有了某种隔阂，或公然与上司对抗。其实无论你采取哪一种方式，都要付出相当的代价，尤其是当你的领导心胸狭隘时，情况会更糟。这样的上司，一旦听到你的观点与他的不一致，他很有可能会采取一些对你不利的行动进行报复。所以，如果你想要在事业上成功，一定要在拒绝别人时注意把握好分寸，恰当地使用"不"。

社会性是人的属性，只要生活在社会中，就要与人打交道，这是永远无法避免的。所以，为人处世是一门深不见底的学问，这方面你要坚持不断地学习。孩子，你有可能会以为我太世俗，以为我说的话太庸俗。社会上的很多人对这些细节问题都很在乎，所以不能因为你不喜欢，就不在乎它。

第44封信 学会幽默

孩子，请记住，不管什么时候，都不要丧失了自然的笑容，并保持愉悦心情，充满微笑地生活。不管在你开心或是伤心落泪的日子里，笑都将能助你冲破人生的种种障碍，获得成功。

上周，你在与我共进午餐时，曾提及凯洛是你最喜爱的女作家。我问你，她的哪一点深深吸引了你，你马上就列举了一些她讨人喜欢的特质。其中让我记忆犹新的，就是你一再强调的，是她的一种能力，就是当你愁眉深锁时，她能令你一展欢颜的能力，这是一种卓越的幽默感。

我们为什么会特别喜欢某人，只要稍微考虑一下，你就会发现，特别招人喜爱的人十之八九往往都有完满的性格。

人们一般都会对具有幽默感的人赞誉不已，却未能反思自己，要求自己也能具备这种特质。所以，我们应该好好考虑一下，如果自身真的特别缺乏幽默感，就应该想一想原因何在，并想想如何加以改进。如果有解决办法，就应该身体力行地去做才好。

我对幽默感倒也有所思考和研究。我认为幽默感并不是某个人与生俱来的天赋，而是通过后天的努力与实践获得的一种特质。因此，依据我粗浅的研究来推论，我们只要专注地发掘某个人的潜在能力，必能使自身的幽默感逐渐培养起来，继而绽放出美丽的花朵。如果我们能以更愉快的心情来面对日常生活，积极乐观地面对生活中的困难与挫折，世界必然会变得更加美好。

由于人的性格与气质不同，因此情绪总随着时间的推移，会变幻莫测。话说回来，已经年过半百的我却告诉自己，有生之年应该充满幽默感地生活，将抑郁、惨淡、悲观这类词汇从自己的脑海中剔除出去，积极地享受现世与人生。我并且深信，以欢笑、明朗来面对忧郁的情境，并在困境中仍保持坦然的笑容，这并非是一件很困难的事。

到现在，我仍然无法忘怀那段悼念你逝去的弟弟布莱安的日子，然而你的祖父却总能轻松地面对悲怆。他老人家试图逗我开心，以化解大家胸中的那份悲痛，使我们适当地放松一下那些一直紧绷的神经。从那时开始，我学会了如何开启造物者美意创造的最佳安全阀，如何战胜人生中的诸多苦难。我之所以能坦然面对，积极生活，是因为我早已悟出，每天早晨我们总得面对两种截然不同生存方式的抉择。要么过着灰暗而哀伤的生活，怀抱着"酸葡萄"与"心怀叵测"苟延残喘，要么就摒弃胸中的愤懑，以热情、快乐、喜悦来面对每一天的来临。你想选择什么呢？聪明的你，是否明白你祖父他老人家如何来选择为生之道的呢？八十五年的生涯中，他用洋溢着生命力的激情面对着生活中的诸多不如意，原因是他有一种明智的选择。我们或许可以用科学的方法来深入研究一下，幽默感到底对启发人的健康有哪些效果吧。我深信，幽默能使人生更丰富多彩，并对各种疾病有着非常强力的疗效作用。

为人处世最忌讳的就是揭人隐私、讥人之短的作风。事实上，冷笑式的幽默，往往只是人们企图掩饰缺乏自信的掩人耳目的做法而已。和知心朋友之间的交往，我们彼此间不有玩闹之举，只要无伤大雅，倒都可以接受的；否则若造成误解，会使对方受到深刻的伤害，反而会造成适得其反的结果。与反讽的讪笑相比，满含奉承的应对，或是率直的笑语，并不会困难多少，而且还不具杀伤力，更无损于彼此间的友谊。

最后，我要把你祖父最喜欢的一个笑话讲给你听听。这则笑话我已听过不下十回了，但是，每次聆听总有新的收获。

有位为人父的人出差到外地一个星期，直至周五深夜才赶回家。妻子写了张留言条放在厨房的餐桌上，上头写着，小儿子约翰在学校里发生了些事，请他回家时叫醒她。

父亲一边猜想着，一边往卧室走去。儿子才上小学一年级，这么点小孩能在学校发生什么严重的事呢？于是他叫醒妻子一问，原来小儿子的校长给家里打来电话，说是约翰在学校里说了些下流话，影响非常坏，要想再次回到学校，必须先改掉这个恶习，否则学校将不准他上学，以示惩罚。父亲很淡然地安慰了孩子的母亲，让他不用担心，明天早上他自然会把事情解决好。

第二天早上，儿子约翰起床后未进厨房，发现父亲已经坐在餐桌旁了。

"早上好！约翰，早餐想吃什么？"

"哎！就吃这玉米片屎吧！"

父亲一听，火冒三丈，朝着儿子一巴掌扇了过去。儿子被打得东倒西歪，蹿向房子的另一端，一头撞到了墙上，一屁股狠狠地摔在了地上。

就在这时，父亲忽然发觉，三岁小女儿正眨着她那天使般可爱的大眼睛站在微启的门前。于是他问：

"是啊，亲爱的宝贝。今天早上你想吃什么呀？"

女儿回答道："也不知道您想让我们吃什么，不过我敢肯定，早餐我一定不吃玉米片屎了。"

孩子，请记住，不管什么时候，都不要丧失了自然的笑容，保持愉悦心情，充满微笑地生活。不管在你开心或是伤心落泪的日子里，笑都将能助你冲破人生的种种障碍，获得成功。

　　所以，应该向你祖父好好学习，把每一天都当作另一个崭新生命的开始。

第45封信　学识要渊博，态度要谦虚

　　为了让优点永远发扬，也为了让合乎道德规范的行为永远传承，你一定要随时随地鞭策自己，不可有丝毫放松。

　　孩子，我经常说要"学识丰富"，那"学识丰富"的目的是什么呢？那就是为了让优点永远值得发扬，也为了让合乎道德规范的行为永远传承。你一定要随时随地地鞭策自己，不可有丝毫放松。

　　其实某些时候，学识渊博也会让人误入歧途。学识渊博的人，由于对自己见多识广过于自信，所以往往对他人的意见接受起来就比较困难。不仅这样，他们往往还会强迫别人接受他自己的判断和意见，或擅自做出某些决定。

　　强迫别人接受自己的判断、意见，擅自做出决定，会引起什么后果呢？一般说来，那些被压制的人，会觉得自己受到了侮辱和伤害。没有人愿意无缘无故地被人安排，心甘情愿地听从别人。为此，他们会愤怒、反抗，甚至要诉诸法律。所以，我给你的忠告是：学识要渊博，而态度要谦虚。

　　现在的你应该已经拥有了不少学识了吧！但是从现在开始，你就要注意这一点，不要倚仗自己的学识，让你周围的朋友感受到压迫、侮辱或者伤害，尽量避免自己走向真正的"学识渊博"的反面！在陈述自己的意见或观点时，不要太过武断；说服别人时，最好是先耐心地倾听对方的意见。这种程度的谦虚，是不可或缺的。

　　如果一个人拥有丰富的学识，却没有正确的判断力，他依然会被贬为一文不值，甚至称其为"俗不可耐"、"假道学"等。为避免这些

情况的发生，我提醒你，知识量越大的人，应该越谦虚才对。就算是谈到自己有把握的事，也不要太张扬，装出不太有把握的样子是个较好的选择。

如果你讨厌"假道学"、"俗不可耐"这名号，也不喜欢被人贬为一文不值，那么，在与人相处时，最好的做法就是不要故意卖弄学问，用与众人相同的方式说话；不要刻意地使用修饰词，只用朴素的语言把内容表述清楚即可。总之，不断地显示自己比别人更伟大、更有学问，是件非常不明智的事情，要坚决避免。学识就像怀表，让它静静地待在口袋里就好，没必要非把它拿出来炫耀，更不必主动告诉别人现在是几点几分。如若真的有人问及时间，方才回答即可。如若别人不问，也不必主动告知，因为你并不是时间的守护者。

学问，就仿佛是人身上不可缺少的、有价值的装饰品。如果你身上没有这样东西，是非常丢脸的事情，会给人浅薄的感觉。但为了避免上述错误，遭人诽谤，必须要谨慎小心。

人的任何优点或道德行为，都和学识丰富一样有与其相似的缺点，一旦把握不好尺度，就会犯意想不到的错误。就好像过于宽容就会流于宠溺，过于节省就会变成吝啬，勇气过人就会变成鲁莽，太过小心则会变成懦弱一样的道理。

所以说，对于自身的优点、美德，我们同样要多加留意，避免行为过度而演变成"不道德"。对于那些不道德的行为，人们看见它就会觉得厌烦，定然会情不自禁地挪开眼光，肯定不会对它进行深入研究。当然，也许那些善于掩饰的人也会有其他的想法。

至于那些美好的、合乎道德的行为，因为美好的事物总是吸引人的，所以人们一见到它就怦然心动，愈看愈想看，愈了解愈被它的魅力所吸引，最终就陶醉在其美感之中了。为了让优点永远是优点，也为了让合乎道德的行为永远合乎道德，你一定要随时随地地鞭策自己，不可自我陶醉。

第46封信　如何称赞别人

　　每个人都有真正优秀的部分，和希望得到别人肯定的成分。如果一个人真正的优秀部分能够得到别人的赞赏，他会非常高兴。如果他特别希望别人肯定的部分也得到了别人的着力赞赏，那他肯定会欣喜若狂。因为这赞誉真正"说到他心坎里了"。

　　要记住，每个人，不管他是多伟大的人物，还是一个平凡的人，都有着人类所特有的虚荣心。在人际交往过程中是需要"润滑剂"的，那就是与人交往要投其所好，避其所恶，让对方的虚荣心获得一定程度的满足。如果你仔细观察就会发现，人们都喜欢被取悦，不喜欢被人激怒；喜欢听到赞誉的话语，不喜欢被人说三道四；乐意被喜爱，讨厌被憎恨。

　　在你的记忆中，应该有过类似的情感体验吧。如果有人有意或无意地取悦于你，细心照顾你，他的关怀使你感到欣喜异常。从此，你无意间会在某些方面对这个人有所偏向，即使某一天他做了错误的事情，使你的利益有所损害，也会认为他原本是出于好意。这就是人的内心世界。

　　举例来说，如果有人告诉你，他知道你喜欢某种酒，今天特意为你准备了这种酒；或有人告诉你，他知道你不喜欢某人，所以今天的聚会他故意没叫某人来。

　　如果你真能做到这样细心体贴的呵护，对方肯定会被你良苦用心的生活细节而感动不已，对方的心会渐渐被你打动。相反，如果明明知道对方的禁忌，却又有意无意间有所触犯，那对方肯定会以为你在藐视他并故意向他挑战，他极有可能会长期对此怀恨在心；当然，他也会把你当作一个地道的蠢材。也许这件事情对你来说，只是件无足挂齿的小事，但你也有可能因此失去这个朋友。

　　总之，在人际交往中注重细枝末节的处理，这是博得周围人好感的非常重要的方面，希望你多加留意。在此，我也提示你几点：

1. 称赞别人要投其所好

举个例子说吧。作为一位非常出色的政治家，黎塞留主教，他并不仅仅满足于政治方面的成功，还想在其他方面有更大的突破，极强的虚荣心使他一直想胜过其他诗人。他对剧作家寇尼尔很是嫉妒，曾通过多种方式对寇尼尔的创作进行批评，甚至不惜花重金找人写书剧评。

这就给那些善于拍马逢迎的人创造了很好的机会，他们一见到那本批评寇尼尔的书，便开始对黎塞留的政治论断闭口不谈，或者简单一提，而对他的诗人才华大加赞赏。因为他们非常明白黎塞留的心理，与对自己的政治手腕自信满怀相比，他对自己作为诗人的才能要更没底气得多。这个时候的赞赏与推崇，必定会让黎塞留对他们好感剧增。

每个人都有真正优秀的部分，和希望得到别人肯定的部分。如果一个人真正的优秀部分能够得到别人的赞赏，他会非常高兴。如果他特别希望别人肯定的部分也得到了别人的着力赞赏，那他肯定会欣喜若狂，因为这才真正"说到了他心坎里"。

每一个人都渴望得到他人的肯定和赞赏。所以，如果你特别喜欢某人，并想和他成为真正的朋友，那你一定要仔细观察这个人的优缺点，让他希望被称赞的地方得到你的赞赏，这就叫投其所好。

如何才能发现一个人希望被别人称赞的地方呢？最好的方法就是仔细观察这个人经常谈论的话题。一般来说，一个人想要被别人肯定和称赞的部分，往往会在他的日常话题里频繁出现。只要留心观察，就能够发现其关键，发现之后，就可以此为突破点，采取某种称赞方式，一举拿下。

2. 偶尔的佯装也是必要的

我讲一段有趣的故事。查尔斯二世恶名昭著的统治时代，雪佛贝利伯爵在朝中任大法官一职，但法官一心想得到国王的宠幸，成为宠臣。于是他便对国王平时的言行留心观察，终于，他了解到国王好女色。于是他就想出了一条妙计，雪佛贝利佯装自己也喜好女色，并很快使自己周旋于女人堆中。国王很快得到了消息，甚至有时还会向雪佛贝利探问一些事情的虚实。

"是的，我对自己这种有变化的生活方式感到十分满意，我还顺便纳了几个妾呢。"雪佛贝利爽快地回答道。又过了几天，国王开始关注雪佛贝利，只要看见他从远处走来，便会和周围的人说："大家也许不敢相信吧，别看他给人一副身体单薄、矮小瘦弱的样子，其实他是本国对待女人的第一高手啊。"

随着雪佛贝利越走越近，他们的笑声也越来越大。"我们正在谈论你呢，雪佛贝利！"国王笑着说。

雪佛贝利装出一副十分惊讶、不知所云的样子。

"是啊！我们说你对待女人的手段算得上国内首屈一指，难道我说的不对吗？哈哈！"国王高声张扬。

雪佛贝利说道："哦，那个呀！大概第一就第一了吧。"

国王听后，甚是喜悦，对他的感情也有了微妙的变化。

需要澄清的是，我并不是让你使用这种卑鄙、谄媚的手段去笼络人。当然，连别人的缺点和坏事都加以称赞，实在是不地道的。并且我以为，我们应该憎恶这些不好的事情才是。但是，如果你仔细考虑一下就会发现，要想在这社会上立足，就不得不学会在某些特定场合对某个人肤浅和幼稚的虚荣心佯装不知。

其实很多时候，我们不得不对那些为社会所认同但自己却并不赞同的事情佯装不解，这也许是最好的处理此种事情的方式。任何人都希望自己在别人的眼中比实际生活中的自己更聪明美丽。如果你对人们的这种心理无所顾忌，一味地去揭穿他，告诉他的想法有多的幼稚可笑，那么对方必然会慢慢地离你而去，视你为仇敌了。

更何况，我们这样去揭穿他人，自己又有什么好处呢？他们认为自己比实际得多的想法，又不会对任何人造成伤害。如果是我的话，我会宁愿尽量去恭维对方，使他心情舒畅高兴，使其成为我的朋友。同时呢，你更应该对他身上实际存在的诸多优点多加赞赏才好。

我感觉你似乎不怎么喜欢称赞别人，是什么原因呢？是你不善于这样，还是因为你对称赞的重要性并不了解？希望自己的想法和喜好能够获得赞同，这是每个人所期待的；尤其是对那些错误的想法及自己的小缺点，也希望能够得到别人的谅解或认同。

年轻的你，往往对自己的方方面面考虑得太多，而对他人的习惯、服装等，却喜欢无聊地去说三道四、评头论足，这都会在不经意间伤害到你们之间的友谊。相反，如若大方地认同他们，则会让朋友得到无限的欣喜，有利于友谊的维系。我相信人们对任何事物都有属于自己的独特想法、行为方式和表现手法，但是我们却不能到处去宣扬自己，这本身就是一种无形的约束。所以，在看待别人对自己的评价时，要调整好心态，即使是别人对你的认识有所偏差，但只要不是太过恶毒，没对自己的威信造成了很大的损害，就让它顺其自然好了，不必太在意。

3. 背地里被称赞效果更好

要想使自己称赞别人的效果更好，还有一个很实用的小技巧，那就是学会在适当的时候背地里夸赞对方。当然了，光这么做还是不够的，你还得想办法让你的夸赞，巧妙地传达到对方的耳朵里；如果对方对你的称赞一无所知，那就没有什么意义了。

那怎样选择合适的传达讯息的人，将讯息有效传递过去呢？这是相当重要的。建议你挑选的人，最好也是传递的受益者，也就是说他通过传递这一讯息可以对他有所帮助。如果你选择对了人，让有此企图的人作了信使，他为了能使自己获得尽可能大的利益，他还有可能会在真实地传达你的称赞的同时，加上更多的夸张色彩，也就是添油加醋吧，这样的效果就更好了。这也算是称赞他人的最为有效的方法之一。

在你踏入社会后结交良朋好友的时候，我上面所讲的这些都会成为你为人处世的必备要件。我足足花了35年时间，才悟出这些道理，现在将它和盘托出。我想要是我在你这般年纪，能有人给我讲讲这些道理该多好啊！现在的我，只希望自己所讲的这些道理，能够对你以后的人生起到很好的引导作用。我真心希望你能够吸收其中的精华，为你所用，这对我来说就是很好的安慰了。

第47封信　正确对待批评与教诲

你要学会用正确的态度认真地对待别人的批评。当然，我们也会遇到一些有一定攻击性的批评，或许攻击你的人心存不良，另有他图，但是他所提出批评的事实，却有可能是真实的存在。

每一个生活在社会中的人，都希望听到别人的赞美和肯定；批评和否定，大家都不希望听到。对于批评指正的话，很多人一听就会眉头紧锁，脸上立刻呈现出不悦之情。其实事过以后，仔细想想，就会觉得有人肯对你批评指正，是件难能可贵的事情。因为每个人都不是完美无缺的，身上都会有这样或那样的缺点短处。但是呢，每个人都在朝着完美的方向努力。如果别人给予的批评指正是中肯的、建设性的，我们应当勇敢地直面和接受，因为这是帮助我们改正缺点趋向完美的最好办法。

所以，你要学会用正确的态度认真地对待别人的批评。当然，我们也会遇到一些有一定攻击性的批评，或许攻击你的人是心存不良，另有他图，但是他所提出批评的事实，却可能是真实的存在。如果我们可以从他们的恶意的批评中获得使自己改进错误的信息，我想这也许并不是一件坏事。如果他们的批评真的是空穴来风，纯粹是污蔑，你更没有必要为之伤心不已或大动干戈，淡然一笑泯恩仇就好。

每个人不管自己做了什么事，做到了什么程度，都希望能够得到别人的重视，获得别人的支持与赞同。有些人就不能很好地对待批评，一听到批评指正的话语，就认为自己得不到别人的理解，会觉得特别委屈甚至大发雷霆。这样，只会使你的亲朋好友再也不敢指出你的缺点和错误。在以后的交往中，他们或者支持和赞同你，或者保持沉默。出现这种情况，真的不是件好事。其实来自反面的批评，对你的成长更重要，因为局外人的客观评价要比你自己的观点更接近事实真相。

俗话说得好："没有人会去踢一只死去的狗。"这句话你一定要知道。在你追求成功的道路上，会遇到很多攻击性很强的批评，它们很多会是敌意的甚或是恶意的，这都很正常。但是，不可否认，其中肯定也会有一些真的能指出你在某些方面的缺陷或不足，对此你要正确对待。当然了，其中更多的应该是些完全无中生有、恶意的人身攻击。静下心来仔细想想，他们为什么会如此恶意中伤你呢？那是因为他们认为你某些方面的能力已经超越了他们，他们的切身利益受到了很大威胁。

世界上确实有这样的人，他们不是去由衷地赞美、佩服那些取得伟大成就的人，而是对人家恶语相加，蓄意攻击。他们这样就可以在这种诬蔑或诋毁中得到一些心理上的快感，你完全没必要去理会他们这种无理的恶言恶语。这种不公平的甚至恶意的批评之所以存在，是因为他们的嫉妒心理，另一方面，也算是一种伪装过的恭维。因为，谁也不会无缘无故去踢一只已经死了的狗。

在人的一生中，你要学会认真对待批评，特别是那些来自亲人、朋友、上司的批评。因为这些人都是与你关系最亲密的人，他们出于对你的无私的爱，虽然也知道批评的声音会让你不高兴或有委屈，但他们还是义无反顾地说了出来。

要想成长为一个优秀的人，就要学会认真正确地对待来自各方的批评指正，从中吸取精华，从而使自己更完善。

第48封信　那些学识丰富却不谙世故者是很麻烦的

"纸上得来终觉浅，绝知此事要躬行。"能够用心去观察事物，根据实际的经验去处理事情，这就是熟悉世故的人，和单从故纸堆里获得知识、却不谙人情世理的人相比，差距是明显的。

总有一些不谙世故者的谈话逻辑，让人简直无法忍受，更不用说接受了。比如，当这样的人在一个场合对"关于世界是怎样的"话题侃侃而谈的时候，假如你插上一句："这世界并不是那样的吧！"那么这场对话就肯定将无法结束了。如果又恰巧这位侃侃而谈者是一位牛津大学或剑桥大学的高才生，那事情就更麻烦了。他们肯定会就此问题喋喋不休地争论与探讨，更会想尽办法与你辩论，抓住那些细枝末节的东西不肯放手，最终通过非常学究式的研究、分析，在众人的见证下形成自己的观点。总之，这样的场合，只要有人愿意与他们辩论，他们肯定会斗志昂扬地坚持到底。因为他们坚信只有他自己是正确的，真理掌握在他自己手中，所以他得以自己的胜利而告终。

这样的人，他们知之甚少而又言之甚多。他们往往不屑于沉下心来仔细观察周围的人与事，他们也不善于与人交往，他们对世界上形形色色的人都有着自己的品评，并不以为错。所以，跟这样的人对某一话题进行争论是毫无意义的，争论中你也不可能有大的长进或从中学到什么知识。

因此，即使这样的人真的在研究室里有了"人喜欢被称赞"的"发现"，但因为他过去从没称赞过别人，充其量，也就是胡乱地恭维一番，这样肯定也不可能有什么好的效果。

说好赞美的话语并不是一件简单的事。说赞美的话要适合当时的场合，要能够说中要点，或把握好时机……否则，很可能会适得其反，那样，还不如保持沉默为好。

确实有些人，满脑子装的都是与自己利益相关的事情，虽然身处某个场合，但他们关注的只有自己，对周围的人和事进展到何种程度、在谈论什么，都不曾关注，当然主要是不想去注意。于是，在全然不知交谈对象的喜好的情况下，贸然去想当然地说些恭维的话语，所以他才说不到点上，也使人不知所以然。

像牛顿那样不谙世故的学者确实大有人在，他们试图通过三棱镜看光线，进而来看人，用颜色把人类分成若干类，每个人都有自己的一种颜色。而经验丰富的染匠却不一样了，他们在长期的工作实践中，得知颜色有它们自己的明度和彩度，知道虽然看起来是一种颜色，却有可能是几种颜色混合而成。实际上呢，生活在世界上的每个人都不可能是由一种颜色构成的，每个人都或多或少混合了其他颜色在里面，都是混合体。更进一步说，就像丝光会随着光线照射的角度的不同变幻出各种颜色一样，人也可以根据自己所处的场合的不同而散发出不同的光芒，这才是真正的人。

上面讲到的这些，对于略谙世事的人理解起来很简单，但对于那些整天把自己关在实验室里做各项研究，却不知不觉已脱离社会的学究们来说，理解起来是有难度的。因为这些道理不是只要简单的用脑子一想就可以明白的，这些道理的得来是需要与生活实践联系在一起的。他们也想将自己所学的东西付诸实践，可是往往发现所学的理论与现实相去甚远。举个简单的例子，没学过跳舞或者没见过别人跳舞的人，就算是他看过再多的乐谱，了解再多的舞曲旋律与节奏，他也无法学会跳舞。

因此，这些不谙世事的人是肤浅的，他们与那些熟知世事的人不同，他们不会用自己的眼睛看、耳朵听现实世界的事物。熟知世事的人知道称赞别人的好处，并且他们对症下药，也就是更懂得应该在什么时间、什么地点去使用"赞赏"这个武器最好。他们很少当面赞美别人，但可以熟练地运用委婉的、比喻或暗示的手法来表达自己的赞赏之情。

不知道你是否碰到过这种情况，有时一个知识渊博的人，在毫无防备的情况下，也可能会被一个知识、人格都远不如他的人要得团团转？到现在，我已经遇到很多这样的例子。这类人往往是些手段圆滑的老江湖，学识、人格都不怎么好，他们之所以能够把那些有知识、人格高尚却不懂人情世故的人随心所欲地摆布于股掌之间，就是因为他们抓住了这些人的弱点——不谙世事。

"纸上得来终觉浅，绝知此事要躬行。"能够用心去观察世界，根据实际经验去处理事情，也就是熟悉世故的人，和单从故纸堆里获得知识、却不谙人情世故的人相比，差距是很明显的。这就像毫无训练的驴子怎么也无法跟训练有素的马相比一样。

孩子，随着你年龄的增长，你也经历了一些人生中的挫折与苦恼。现在的你，已经到了确立你自己的人格、行为方式、礼仪礼节等的时候了，希望你能够把所学到的各方面的知识和你自身的见闻经历归纳起来，通过自己思考、总结与判断，坚定地建立起属于自己的特质。接下来就要去更多地、更深入地了解人情世故，并且要多多珍惜磨炼自己的机会。我建议你要多看看有关社会学方面的书籍，把理论学习和生活实践结合起来，加以对比和思考，这肯定对你有所帮助。比如说，你可以白天读书时，读几则拉罗什福科的格言，并用心琢磨一番；晚上呢，可以将书本上看到的内容套用在社交场合中所遇见的人们身上，看看书中所描述的与现实有何异同。

　　我还希望你能读一些关于人类心情转变与感情摇摆的书，书上的描写都很细致，希望你通过阅读能有所收获。不过，只是阅读这方面的书和理论是不够的。这些书本知识只有在你在现实中踏入社会，亲身实践、用心体验、仔细观察的时候才会获得他们的生命力。这些书本知识一旦脱离实际，就没有什么意义了，弄不好还会误入歧途。就好像那些只是待在室内研究世界地图的人一样，不管用尽多少心思，目不转睛地盯着地图，当他跨出屋门走向世界的时候，他会发现自己仍然对世界一无所知。

第六章　人际关系

　　孩子，应该深入地跟你谈谈关于人际交往的问题了。"设身处地替对方着想"，是人际关系的重要原则，你也要把握好。同时要想实现自己的理想，取得成功，必须具备良好的人际关系处理能力，这要求你要妥善地维持良好的人际关系状态，学会在团体中交际，游刃有余地处理好各类关系，不做毫无主见的好好先生，能够适时地对人说些恭维话。与人交往中能够投其所好，避其所恶，结交些真正的朋友，通过轻松自如的交往，不断提高自己的能力。同时凭借自己丰厚的知识和良好的个性，理智地处理各种问题，再加上你始终保持周到的礼仪和温和的态度，定会在复杂的社会竞争中立于不败之地。

第49封信　人际关系的重要原则

　　"设身处地地为对方着想"，这就是人际关系的重要原则。只要存在于人的心间，真情也就自然流露于遣词造句之中了。我认为，人们总是能够对自己真正的朋友、所爱的人有着发自内心的关怀，并且真心地期盼他们能够快乐、幸福、安康。这种心情是没有任何虚假和掩饰的，它是发乎心底的，如果真的可以秉持这种心情，你真的就做到了取悦对方了。其实每个人都有想取悦别人的心理，但在实际交往中，真正能做到的实在太少。

之前我也跟你多次谈过关于该同何种人交往的话题。今天我想从另一个角度来谈这个问题，那就是与人交往时的态度问题。这都是我的人生体悟吧，相信会对你有所帮助的。

你是否记得那次我们一同前往瑞士的旅行？当地人那些亲切的举动是否还让你念念不忘？如果他们知道你还记得的话，肯定会深感欣慰的。我现在还清晰地记得，当我们得到许多当地朋友的热情款待时，你有惊喜万分的表情。记得我还要求你跟我一起写封致谢信，感谢那些给予我们热情接待的朋友们。如果这些事情到现在还历历在目，回想起来能让你感到快乐的话，你肯定更怀念那些曾经和我们在一起的人吧！

其实，这就是人际关系的重要原则。

"设身处地将心比心"，这就是人际关系的重要原则。设身处地的心情只要存于人的心间，真情也就自然流露于言谈话语之中了。我认为，人们总是能够对自己真正的朋友、所爱的人有着发自内心的关怀，并且真心地期盼他们能够快乐、幸福、安康。这种心情是没有任何虚假和掩饰的，它是发乎心底的，如果真的可以秉持这种心情，你真的就做到了取悦对方了。其实每个人都有想取悦别人的心理，但在实际与人交往中，能够真正做到的实在不多。

首先，我想先说说我自己对"知交"的理解，也许你可以和很多杰出的、能力突出的朋友有着深厚的友谊，但如果与你相处之中，他们并没有感到心情愉悦，那你们就不能算是知交。

现在再来谈取悦于人的原则。"投之以桃，报之以李"，这是我的很多朋友所认为的放之四海而皆准的原则。其实在具体的取悦于人方面，并没有什么高深的学问或定论。只要你能够深刻理解这个道理，将这一道理举一反三地反复应用，相信你的朋友必然会满心欢喜。具体说，取悦对方可从以下方面谈。

1. 与人交谈，切莫自己"一言堂"

谈话并不是某一个人的独角戏，而是双方面或者多方面交流沟通的事情。交谈中，自己千万不要一个人霸占大家的所有时间。尤其是当那些在场的人能力都非常强，都能够自如地支配属于他们的时间时，讲好自己的那些话就足够了，切莫随意挤占别人讲话的时间。

有这样一些人，我们经常碰到，他们在公共场合、在众人面前独自演讲，唾沫横飞、神采飞扬。某种程度上，这些人也很可怜。他们为了能够将自己的演讲才能展现于众人面前，不惜耗费自己的精力与体力。他们往往会在听众们实在无法忍受的情况下，重点抓住一个或几个缄默不语的人大放厥词，在大庭广众之下交头接耳，絮絮叨叨，让人难以忍受。这样的态度都是极不尊重别人又不光明正大的行为。

与人交往时口齿伶俐，只要能把握好尺度，是件不错的事情。但是，如果整个场合就只是你一个人在那里滔滔不绝地大发议论，那就有些不合时宜了。如果在某些特定的场合确实需要你长篇大论，你也得提前考虑到听众们会不会对你的话题感兴趣，尽量将话讲得生动些有吸引力些，避免枯燥乏味，同时应尽可能地压缩时间，长话短说。

2. 选择话题，要适合受众

我可能还没有告诉过你，要学会根据对象来选择话题，也可迎合不同对象适时改变自己的话题。这样说起来很简单，其实操作起来是有一定难度的，你自己要用心体会，在实践中不断积累经验。迎合不同的对象改变话题是处理好人际关系的不可缺少的润滑剂，并不是什么见风使舵和虚伪的表现。

我们在与人谈话的过程中，并不需要去扮演场面气氛的营造者，只是把握好时机，得体地配合好周围的环境就足够了。只要注意用心留意所处场合的气氛就好，该严肃时严肃，该幽默时幽默，或正经八百或粗犷豪放，根据实际需要作相应的调整；哪怕激情一把，只要时机合适倒也无妨。

很多时候，你不用太紧张地刻意去寻找什么话题，只要谈话对方是个有道德有涵养的人，许多话题会自然而然地出现于你们谈话中。在个别时候，如果你感觉信心有些不足，就不必将话题引到自己身上，就用沉默或是会心微笑或手势来附和一下即可。

很多经验丰富的人，都能够很好地掌控好自己的话题或交流方式，他们就像变色龙一样不断变幻颜色，选择话题，迎合受众。这才是一个想要立身人群之中的人所必须要学会的灵活态度。

其实考虑一下也很简单，无论处在什么样的场合中，如果你总是用同样的态度去对待大家，谈论的话题也是一成不变的，这肯定是一件非常愚蠢的事情。不同的圈子有不同的话题，这是肯定的。哲学家有哲学家的话题，政治家有政治家的话题，女性们有女性的话题，男人们有男人的话题，这都不会完全相同的。

对于谈话内容的选择，最好是多数人都喜欢的话题，当然也可以是当天聚会的主题了。在适当的时候，尽说些历史、文学，抑或外国政局等，会让人感觉烦闷，反而像天气、服装，或者是东家长西家短的俗事使大家觉得轻松些。

某些场合，偶尔来些诙谐的话题，也是必要的。即使内容没有什么实质意义，但作为大家共同感兴趣的话题也是没问题的。例如在谈判过程中，如果出现了谈判时间被拉长，或者气氛越发紧张的情形时，也许像鸡尾酒的制作方法这样的一些小诙谐、轻松的话题，也可以有效地缓和一下气氛，让在场的人员调整一下状态，必能"守得云开见日出"，取得意想不到的效果。这种时候，说说俏皮话反而成了积极有效的事情。

还有一点需要提醒你的是，公共场合，要尽量避免提及相对立意见的话题。有时候，一个团体里出现了意见相左的情况，如果说话不当，不慎播下火种，引发唇枪舌剑也是常有的事情。如果在你所处的场合，开始出现了让你感觉苗头不对的情形，你最好能够把握好时机，巧妙地不留痕迹地将话题岔开，尽快让不愉快的争端结束，以避免唇枪舌剑。

3. 避免将话题环绕在自己身上

与人交谈最糟糕的事情是什么呢？那就是在公共场合，不遗余力地将话题缠绕在自己身上，让自己处在焦点之中。无论是多么优秀的人，在谈论自己的时候，大脑都会自然而然地被所谓的虚荣心和自尊心盘踞着，这肯定会引起众人的不快与不满。

谈话中，有些人不太注意方式方法，为了能将话题引到自己的身上，不惜冒昧突如其来地插进一个与正题无关，却只与他自己有关的话题来，这肯定会让人感觉到他是个目中无人的家伙。

更有一些人，会自作聪明，以自己认为"巧妙"的方式来提起自己。比如，在某个场合，正当大家在对某些不恰当行为进行批判时，"聪明的"人就会假装无意地列举出自己的优点或优势，在众人面前加以对比或比较。他们经常会说，如"这么说真可笑，如果是我，我肯定不会这么说的"，"如果那种事发生在我身上，我绝对不会说出来的"，"如果我没做这件事，就是把嘴说破，我也要说清楚，讨个说法"，等等，以显示自己有多英明。

这么大张旗鼓地以自我吹捧，显自己的才能，并且毫无羞愧之心，这种态度也是要不得的。事实上，在遭受批评的时候，任何人都会想竭尽全力维护自己的自尊和威严，但是这样一味地信口开河，大放厥词，这其实是自己虚荣心作祟。这样的行为表现只能显示个人品格的肤浅。

当然也有一些人会让人感觉更加愚笨了，那就是采取了阴险的低姿态的甚至是抱怨的方式来诉说自己的事情。他们往往会这样做：首先表现自己的弱者身份，再叹息身世的不幸与悲哀，并向上帝发誓。更让人不能忍受的是，他能够在诉说这些事情时，常常表现出一副羞怯腼腆、踌躇不决的样子。他们的想法真是让人捉摸不透，就算是用自己的悲哀身世或命运不堪博得了众人的同情与哀怜，他们又能得到什么呢？到头来，不过是于事无补，徒增了些烦恼罢了！

我想到了咱们经常用的一句话来形容他们再贴切不过了。这好像也是他们自己常说的一句话，那就是："真是成事不足败事有余啊。"即使真到了败局已定的局面，他们依然不肯觉悟，周围的人也无法施手相助，因此结局就可想而知了。像这样自以很聪明的人，想凭一己之力立足社会，都已经是件不易的事情了，更不要说什么成功了。这样的人有这样的结局也是意料之中的，没什么好怀疑的。在你的周围，像刚才说的这种人并不在少数，稍加留意，你就会发现他们无处不在。

4. 切莫自我吹嘘

社会上还有一种人，我觉得我们连跟他们见面的必要都没有。他们很少说真话，经常表面上不露痕迹，虚荣与自尊都被巧妙地掩饰起来。但是，他一旦遭受了挑衅，就会大胆地亮出自己的底牌，堂而皇之地自吹自擂起来。他们说的几乎没多少真话，就算有真话，也不会得到众人的称赞与肯定。有的人总期望能够得到别人的称赞或是阿谀奉承，一旦周围的人都没有反应，他就会先迫不及待地自夸自耀起来。他们通常会拿找出一些和自己没多大关系的事来吹嘘自己，比如说他们会不停地在家谱里找着各种蛛丝马迹，说自己是某人的后代、亲戚等，语气就好像自己也是一代伟人了。他们还会历数与他有些关系的人的成功之处，像我的祖父是什么人、伯父是什么人、亲友是干什么的等。

更有甚者，在众人面前心怀叵测地一顿乱吹牛，比如炫耀自己的超大酒量，能独自喝下五六瓶酒都没有醉意等。类似的例子实在是太多了。

其实，这种拿着无关紧要事情大吹大擂的人，也是很可怜的。他们越是吹嘘自己，越是暴露出他的浅薄无聊罢了。就算他说的全是事实，也对他没多大好影响，家族的"伟大"可以证明你自己的事儿？大家都知道事实并非如此！他们之所以说出了这些愚蠢甚至夸张的话语来，都因为他自己的虚荣心在蠢蠢欲动。但这样做的后果就是，他们想得到的赞誉与肯定，反而离他们越来越远了，预期的效果不仅没达到，反而会使别人对他们的评价一落千丈。

5. 适当的缄默会让优点自然外露

不谈论自己，这是最好的不被人讥讽为无内涵的方式。每个人都有自己的缺点，所以在任何时候，都不要企图靠自圆其说来掩饰自身的缺点，否则，就会有生出欲盖弥彰的效果，这不仅让人很反感，甚至还会招致意想不到的恶果。如果在某些场合，迫不得已，非要谈些与自己有关的事情或经历时，在遣词造句方面要多加留意，尽量避免有骄傲、炫耀自大的语气或神态流露。

大家都明白，人格高下本来就由不得本人自下评语的，这与善恶的事又没有多大的关系，品格的高下也不需要任何人特意去说明解释，它自有众人评说。

在某些场合，如果一个人保持应有的缄默，人们肯定不会以为他是个愚蠢的家伙，反而会认为他至少也是一个稳重有礼、胸有成竹或举止高雅的人。人们也不会因为他偶尔受到了嫉妒、诽谤和嘲笑，就把他全盘否定，认为他毫无用处。而那些一直处心积虑在掩饰自身缺点，极力宣扬自身优点的人，往往会弄巧成拙，最后只能落得个越发暴露缺点、隐抑优点的下场。

第50封信　善于利用人际关系

人际关系是非常重要的。当今社会，要想实现自己的理想，取得成功，必须具备处理良好人际关系的能力，也就是说不仅要建立良好的人际关系网，而且还要能够妥善地维持这种良好的人际关系状态。

今天给你写这封信主要有两个目的。首先，听到哈特先生生病的消息，我很难过，我衷心地希望哈特先生能尽快康复痊愈。其次，我还想就人际关系的处理方面，跟你谈谈妥善利用人际关系的两个重要秘诀。

人际关系是非常重要的。当今社会，要想实现自己的理想，取得成功，必须具备良好的人际关系，也就是说不仅要建立好自己已有的良好人际关系网，而且还要妥善地维持好这种良好的人际关系。

从大的方面说，所谓人际关系，基本上可分为两种情况，希望你能将这两种人际关系的各自要点牢记心中。

首先是对等的人际关系。

所谓对等关系，就是指那种实质和力量都基本相等的互惠关系。他们之间可以进行相关信息的互换和自由的交流，彼此间俱怀敬意是处理好这类人际关系的先决条件。对等关系的维持要求双方必须对彼此的能力都能给予一定的肯定和认同，并且同时都确信对方愿意为我倾尽心力，这种关系才有可能成立。

当然，在处理这种人际关系时，偶尔有些双方的利益冲突也较正常，但重要的是不要因为这种冲突而破坏了已经建立好的依存关系。面对冲突和利益，双方应该做的就是客观面对现实，谨慎地互相退让一下，共同研究统一的行动方案。

我希望你的这种对等的关系，可以建立在你和你年龄相仿的朋友之间。你们年龄相近，踏入社会的时间也基本相同。到了适当的时候，如果你有足够的号召力和团结力，能把这些年轻的志同道合的朋友聚合在一起，组成一个令所有的政府行政刮目相看的集团的话，你就可以跟你的朋友们一起在这个社会上形成一股合力，展露出自己的锋芒与能量，也必将会大有作为，成就一番大业。

另一种是不对等的人际关系。

这种关系一般是指一方有地位和财产，而另一方有学识和能力。这种人际关系是比较微妙的，恩惠不是双方的而是单方面的付出，且这个恩惠通常不会在表面上表露出来，它总是巧妙地被掩盖着。

一般来说，蒙受恩惠的一方总会尽力去取悦施予一方，去做施予一方喜欢的事情，而且可以一直忍受着施予方的优越感；同时，施予一方，还操纵着他们之间关系的核心部分，他如果操纵得巧妙的话，被操纵者就可以获得很大的利益。

我曾在前面提到一个例子。当然了，当今社会，只给单方面带来利益的那种朋友关系是非常普遍的，除了这以外，其他相似的例子也有很多。

根据我得到的消息，你应该在圣诞节之前就可以到达巴黎了吧。正想告诉你，我想介绍两位在巴黎的朋友给你认识。我的这两位朋友都是地道的英国人，血统纯正，也都是得到众人尊敬的人物，所以，我特别希望你能与他们有更多的亲近和亲密的接触。

其中一位是奥黛丽夫人，我之前应该跟你提起过她，凑巧的是，她今年正好要到巴黎过冬，你们刚好就可以碰面了。奥黛丽夫人生于宫廷，长于宫廷。像礼仪端庄、气质高雅、待人亲切等宫廷礼节中的精华部分，她全都得体到位；而那些宫廷礼节中的不好的东西，在她身上也找不到任何踪迹。她有着丰厚的知识，所有女性该读的书她几乎都已经读遍，所以她懂得的东西也特别多。在语言方面，她的拉丁语也讲得很地道。

你可以直接把她看作是我的代理人，什么事情都可以直接和她交流。再者要说明的是，我并不是因为性别的原因才将奥黛丽夫人介绍给你的。她是一位已经五十多岁的有着非凡气质的女性，等你见到她就会知道。我只是希望，看在我们两个人交情的分儿上，她可以像对待自己儿子一样来对待你。说句实话，如果想再找到一位像奥黛丽夫人这样拥有如此丰富知识同时又渊博的女性，真的是不可能了。也希望你能够抓住这个难得的与她接触的机会，将你在人际交往过程中遇到的问题或是在态度、礼仪上有缺失或者不确定的地方，一并向她好好请教一番。我坚信，在全欧洲，你再也找不出一位能像她这样可以帮你解决这些问题的人了。

另一位要介绍给你的就是亨廷顿伯爵，你对他多少应该有所了解吧。这个世界上，除你之外，我最疼爱的人应该就是他了。我一直都非常看好亨廷顿伯爵。我们的关系也非常亲密，他似乎已经把我当成了父亲来看待。当他第一次称我为义父时，我真的激动万分。亨廷顿伯爵既掌握了丰富的知识又有着优良的品格，如果要是真的在国内作一个年轻人综合素质评价的话，我相信他应该是最优秀的，他的资质是很多年轻人永远都无法超越的。

相信只要你能够和像奥黛丽夫人和亨廷顿伯爵这样优秀的人物多多接触，不论时间长短，你肯定会收获颇丰的。同时，他们也非常了解我的目的与想法，他们也已经充分做好了与你多接触的准备。希望你能够把握机会，主动走近他们，从他们身上尽可能多学些东西。我相信你不会辜负我的期望，会做得很好的。

第 51 封信　团体交际中成功的秘诀

实际上，许多机智、幽默、笑话，大都只能在一个团体或一定场合中适用。"它们"都是从某一特殊土壤中生长出来的，把它们强行移植到其他地方，不见得能够生存下去。无论什么团体，都有他们各自的背景，某些独特的措辞和语言也是由此滋生出来，进而才形成了特定的幽默和笑话。这些幽默和笑话只有在其生长发育的背景中，方可灿烂如花，如果不假思索地把它们抛向另一个毫不相关的团体里，没准儿就会暗淡无光、索然无味。

大家都知道，在某一个场所听到的话题不可轻易在另一个场合宣泄，这是个不成文的规则。如果你不能够遵守这一默契，而做出与之相反的事情，那么各种责难就会纷至沓来，使你成为一个不受欢迎的人。

如果你当众讲了一个笑话，而周围的人没一个能听懂，那这真的是件非常可悲的事情。

这种情形下，如果大家要求你当众解释一下这笑话的内容，其场面会让你感到极端的扫兴与尴尬。此时，你心中的苦楚，也绝非任何语言能形容得出来。

其实不仅仅是讲笑话如此，多数时候，在一个场合听到的事，千万不可到另一个场合团体中去宣扬。因为，即使看上去是很小的事，但经过不同的人的转述和流传之后，它也许会直接引出不可思议的重大事件来，这是极有可能的。

实际上，大多数的机智、幽默、笑话，都只能在一个团体或场合内适用。"它们"都是从某一特殊土壤中生长出来的，把它们强行地移植到别处，不见得能够生存。无论什么团体，都有他们各自的背景，某些独特的措辞和语言也是由此滋生，进而才形成了特定的幽默和笑话。这些幽默和笑话只有在其生长发育的背景下，方可灿烂如花，如果不假思索把它们抛入毫不相关的团体，自然就会暗淡无光、索然无味。

我之所以不让你这么做，也是为了引导你能够更好地遵守礼仪。希望在以后的人际交往中，你能够对以下两点多加留意。

1. 不要做毫无主见的好好先生

如果你想以非常正当的理由被某个团体正式接受，那你就要加倍努力才是。另外呢，就是要有超强的意志力和思想，不要因为受到外界某些因素的影响而轻言放弃。但希望你在坚持自己的观点时，也能够表现出谦谦君子的资质，那就是举止优雅而略带幽默感。

需要提醒你的是，在任何团体中，都会有"好好先生"一类人。也许正是因为他或他们，才使自己能加入到这一团体中来。如果细心观察这些人，你会发现，这类人本身并没有任何长处或特长，更无魅力可言，其中还不乏毫无主见、意志薄弱者。

他们对于别人提出的建议，都会不假思索地一味迎合，甚至轻易让步、同意，不时发出赞赏和欢呼声。而对于这个提议，是否真的值得赞同，或者这提议是不是个错误和愚蠢的决定，他们都满不在乎。他们却能对这些无聊的傻事乐此不疲，这是为什么呢？

或许就是因为他们实在是没有什么其他的长处可言吧！

处在这个年龄段的你们，用高姿态谈论这种批评责难别人的话题都为时过早。希望你不要像这些"好好先生"那样热衷于谄媚。希望你能够在与别人交往中，学会待人接物的技巧。这在人际交往中，也是不可或缺的。

比如说：对于那些小缺点和那些矫揉造作的言辞不必过分深究；

在一定场合、一定范围内，适当说些恭维话，这些都是可以的。而且这样一些情形，会在某些相处融洽的场合里发生。这些"礼仪"是不可或缺的。那些被恭维的人虽然明明知道有些恭维的话名不副实，但是听到后仍会感到惬意。也许爱听这些话的他们，会暗自勉励自己努力上进呢。

2. 说恭维话的艺术

任何一个团体，都会有这样的人，他们有着极好的教养和能力，可以左右这个团体的言谈话语、服装、兴趣等。不管是男是女，他们必属于美貌、机智的一类人，并且在服装以及其他方面都较为突出。他们可以说是魅力十足，但是与那些依其本能来吸引大家的人来说，还是稍微逊色的。所以，人们的目光往往会集中在他们身上也是可以理解的。因为有一种威严能够在他们身上体现出来，如果你背道而驰，就会被这些人所抛弃。

第52封信　投其所好，避其所恶

你是否也有过这样的体验，那就是因别人对你细致入微的关照而欣喜不已呢？其实，这种行为能使人类共有的虚荣心获得较大程度的满足。因为你曾经受某人的细心照料，也许在他偶尔做错某事时，你有可能会不自觉地对此人有所宽容，甚至会认为他是出于某种好意才这么做的。

生活在社会中的人都有着相同的情感取向，任何人都喜欢被取悦，而不愿被激怒；喜欢听到赞赏与肯定，而不愿被别人说三道四、恶言相向；更喜欢被人接受并喜爱，而不是被拒绝或憎恨。因此，要想做到投其所好，避其所恶，就要仔细观察周围的人和事。

举个简单的例子，如果你能够为对方特意准备一瓶他喜欢的酒，或者是你知道对方不喜欢某人，但为了他，你在今天的聚会中没有叫他所不喜欢的那个人来。相信这样事无巨细的呵护，肯定会打动对方的心，他也会因为你对他的生活细节的深度关注，而由衷感动。反之，如果明明知道对方讨厌的是什么，却又不小心触犯了他的禁忌，那么对方肯定会认为你不把他当回事，于是会因此而对你心存芥蒂。因此，如果在处理人际关系的过程中，能够对细节都能加以留意的话，对方肯定会对你心存好感的。

你是否也有过这样的体验，那就是因为别人对你细致入微的关照而欣喜不已呢？其实，这样的行为能使人类共有的虚荣心获得相当程度的满足。因为你曾经受某人的细心照料，也许就算他偶尔做错了某事，你也有可能会不自觉地对此人有所宽容，甚至会认为他是出于好心才这样做的。

鉴于上面所讲的情况，我也给你以下几点提醒：

1. 称赞别人希望被称赞的事物

如果你特别想成为某人的好朋友，或者特别喜欢某人，那就应该好好了解一下这人的优缺点，学会适时满足他希望被称赞的心态。这是人类所共有的特点。如果一个人自身的优秀部分能够得到别人的赞赏，实在是件让他高兴的事情。所以，如果能够称赞他希望被称赞的部分，必然会令他更加兴奋不已，这才是算说到他心坎里去了。

每个人都有得到他人的褒奖与肯定的欲望，这是毋庸置疑的。要想找到某人希望别人赞扬的那部分，最好的方法就是细致观察，注意观察此人平时喜爱谈论的话题或事物。一般来讲，某人希望被别人称赞的那部分好的东西，往往会频频出现在他与人交谈的话题里，抓住了这点就抓住了要害。只要以此为突破口，就肯定能成功。

2. 偶尔的伴装也是必不可少的

我这样表述，并非是要让你使用卑鄙谄媚的手段来操纵他人。对于他人身上的缺点和毛病，我们没有必要也不应该去加以赞扬和肯定。以我之见，这都是我们应该憎厌的。但是，反过来想一想，如果我们对人类的缺点或时而幼稚肤浅的虚荣心，都不能佯装视而不见的话，那又怎么能在世界上立足生存呢？

任何人都希望自己的所谓聪明、美丽与才智能得到别人的褒奖。如果你非要去当面指责这些人的想法太幼稚、太肤浅了，他们必然会慢慢与你疏远，甚至把你当作仇敌。如果是我的话，我宁愿去选择取悦对方的手段，时而恭维一下对方，也让他成为我的朋友。你应该学会善于发现对方身上的优点与特长，并适时地加以肯定与称赞。但是，在与人相处的过程中，有时也不得不面对与自己意见相左、但却为社会所不得不容忍的事情，这时的你就只有睁一只眼、闭一只眼，佯装不知了。

我感觉你在赞扬别人方面的能力还有待于进一步提高。这是因为你对人们希望自己的优点和想法得到别人赞同的欲望是多么强烈还不是特别了解。更有甚者，他们虽然明明知道自己的想法是错误的或者自己身上确实存在着某些小缺点，但是也很期望能够得到他人的谅解与认同。如果我们只是按照自己的想法，去对他人的某些无伤大雅的习惯或是服饰等小问题过于挑剔，这势必会对他们造成伤害，相反呢，你的认同与包容，会让他们获得某种喜悦与安慰。

每个人对身边的事物，都有着属于自己的独特想法、行为方式和表现手法。但是有一种无形的力量约束着我们，那就是人不能到处无休止地宣扬自己。所以，对于他人对自己的评价，和自身实际有所偏差是很正常的，但只要不是太过恶劣，或是对自己的威信有很大的损害，就让它顺其自然好了。

3. 背地里称赞他人，是个重要的能力

背地里称赞对方是个很好的让人高兴的方法，想做好这一点，就需要你在褒奖别人的办法的基础上再用一点儿技巧。

当然了，你在暗地里称赞对方一番，人家却对此一无所知，那就没什么意义了。重要的是要让你的夸赞能够通过非常巧妙的方式传达到对方那里。那怎样才能做到呢？这就涉及传达讯息的人选的问题，慎重地选择好传递讯息的人是这件事情的关键。这个最佳人选最好是通过此讯息的传递也可以从中受益的人。如果你选对了人，让有此企图的人做了信使，他不仅会用心地将你的讯息传到对方的耳朵里，而且还有可能添油加醋，让效果更佳。这样称赞他人的方法，是最有功效的。

今天我所讲到的内容，对你踏入社会，与好友们交往是必备的重要条件。如果我在你这个年纪，能够有人给我讲讲这些道理的话，那简直是太幸运不过了。这些道理，是我用我人生岁月中的 35 年的时间才悟出来的，它们的价值有多大，你会慢慢体会到的。真心地希望你能够吸收其中的精华为你所用，这对我来说，就是最大的安慰了。

第 53 封信　朋友是你人生的一面镜子

从这些年我的交友的经历来看，真正的友情是那种在任何情况下都不易改变的友情。但这种真正的友情，并非随便就有的。需要长时间地用心栽培加之彼此相知理解，志趣相投又志同道合，这样的友情才会绽放出迷人的花朵。

孩子，虽然你已经踏入社会了，但是我仍然为你操心不已，你的朋友、你的学业、你的成长，都是我仍然要继续关注的。看到这封信，你应该已经返回托利诺了吧。回去后，又要调整状态，重新投入工作准备之中吧。你在托利诺度过的这些日子，应该是充实而快乐的，尤其是威尼斯热闹的狂欢节肯定让你念念不忘吧。相信这些新的经历能帮助你增长更多的见识，为你的求学之路助力。

我听说，在托利诺职业学校里，很多英国人的风度不佳，他们在那里结党营私、逞凶斗狠，他们的行为极为粗野无礼，把他们心胸狭隘的恶劣品行暴露于大庭广众之下，实在是让人难以忍受。一想到这些，我就会坐立不安。

这些行为，如果仅仅是朋友之间的一种发泄，倒也不是什么罪大恶极的事情，但是我听说他们的初衷并非如此。听说他们还恶意强迫别人去加入他们的团体，他们到处去拉拢新人加入，如果找到了你，你若拒绝与他们同流合污，他们会用各种手段对你百般劝诱或施加压力，逼你就范。如果你仍不加入其中，他们就会对你施予手段。这对于你们这些经验不足的年轻人来说，是一个巨大的挑战。因为他们所给予你们的巨大压力和强迫式的劝诱，是你们无法承受的。

对你们年轻人来说，说出"不"字，是一件难以启齿的事情，就好像拒绝了别人，就会让人感觉脸面尽失，况且这还有可能让朋友也很难堪，甚至会影响到彼此友情，让你觉得很尴尬，有这种考虑是理所当然的。我们可以去迎合别人的要求，这是取悦别人的一种方式，也不是什么坏事，但前提是对方必须是好人才可以。因为只有对方是好人，你和他的交往才会有良好的结果。相反，如果对方是坏人，和他的交往，只会使你陷入他的牵制之中，从而产生不良后果。其实你的缺点也是很明显的，希望你能够严防这些缺点，不要不假思索地去模仿别人的坏习惯，让自己的不良习惯有所增加。

其实，我并不关心这些无理、粗俗的人究竟是谁，我最担心的事情是，你的那些用心养成的良好习惯，会不会因为这些人的影响而有所破坏。对这些人，我衷心地希望你能保持应有的理智与冷静，拒绝与他们同流合污，踏实严谨，戒骄戒躁，始终如一地将自己的学业完成好。

从这些年我的交友经历来看，真正的友情是那种在任何情况下都不易改变冷热的友情。但这种真正的友情，并不是可以随便就得到的，长时间的用心栽培加上彼此间的相互理解，志趣相投又志同道合，这样的友情才会绽放出迷人的花朵。

而现在，你们年轻人之间的友情仿佛流行的就是那种忽冷忽热的不稳定关系，你们的这种友情可以称之为是人工栽培的"快餐式"友情。你们常常会与一位偶然结识、彼此并不了解的朋友肆无忌惮地在一起疯狂娱乐，甚至是成群结队地狂欢游荡，要的就是这种疯狂的劲儿，其他什么也不顾。

纸醉金迷，男女嬉戏，这并不是真正的友情，更不是真正的交友之道！虽然他们偶尔也能对社会上的不公进行义正词严地抨击，甚至有时也会采取抗争的态度，但是一旦发生了涉及自身利益的事情，他们就会义无反顾地舍弃朋友。因为这样的友情结成的朋友是很危险的，因为朋友一旦决裂，他们便会恶言相向，甚至互相诋毁，互揭疮疤，这样的友情再也无法挽回。更有甚者，会把彼此间原已建立起来的"信赖关系"当作嘲弄的对象，一味贬低。

孩子，经过我的讲述，你应该对事情有个明白清晰的了解了吧。托利诺的大学里，有着形色各异的各类人。你没有必要去和这些人过多交往，更没必要去与他们水乳交融，打成一片，就算有所交往的话，泛泛之交足矣。从这件事情上，希望你能明白一个道理，那就是：朋友和玩伴是截然不同的两个概念。真正的好朋友相处时，有时会得到愉悦的情趣，但有时也会出现意见相左，甚至相互反对的情况。朋友会认为，这时候的你，虽然是有些不懂人情世故或毫无助益，但这却是培养真正的友情所必须经历的重要阶段。

当然，我们也没有必要把那些人当作自己的敌人，我们需要做的就是用轻松的态度来对待那些无趣的人。有句西班牙俗语说得好：要想了解一个人，只需看他的朋友即可。这确实是一个跨越国界、亘古不变的真理。我们可以通过了解某个人结交的朋友的类型来对这个人做某种程度的评判。

在交友方面，还需要注意的就是说话做事要讲究分寸，在与人交往的过程中，判断好对象是件非常重要的事情，要学会根据对象的不同而有选择地开始自己的行动。要仔细分析在相关场合什么话该说，什么话不该说；什么事可以做，什么事不能做；把话说到位，把事情做到位。

通常说，人们也会在交往中无意间树立了敌人。比如有些人很容易被一些无聊的话题吸引，并且对此还特别专注，有时还会情不自禁地自说自话，等等。当然，这种事情的发生，真的不是你的本意，但你的实际行为却会让对方感到你对他不屑一顾，甚或是因此而激怒了对方。而现实生活中，实际懂得分辨，却故意加以漠视，这应该是最可悲的事情了。

想必你也有过因不慎结交了道德不良、反应愚钝的朋友，而苦不堪言、痛苦不堪的经历吧。所以，我们必须时刻提醒自己，与这些道德不良、反映迟钝的人物交往时，除了要尽量避开以外，应有的礼貌也是必不可少的，切忌过于冷淡，以致树立敌人。

即使对他的恶行及愚钝极为厌恶，也不必将其视为敌人，否则，事情将演变得难以处理，甚至引火上身。最理智的做法是，即使不想与之结交，也不要把他变为敌人。与他们交往，时刻保持着非敌非友的中立态度是最好不过的。

第 54 封信　多结交可以使自己进步的朋友

有道是"近朱者赤，近墨者黑"，我对此是深信不疑的。所以，在结交朋友时，首先应该把比自己优秀的人作为首要的交往对象，并不断地朝着此方向努力。与卓越的人交往，你便能够见贤思齐；相反，与次等人交往，自己就难免同流合污。

到现在为止，我们已经谈到了很多关于交友的话题。现在，我想跟你谈谈关于交往的对象问题。

1. 注意结交"卓越人士"

有道是"近朱者赤、近墨者黑"，我对此是深信不疑的。所以，在结交朋友时，首先应该把比自己优秀的人作为首要的交往对象，并不断地朝着这个方向努力。与卓越的人交往，你便能够见贤思齐；相反，与较差的人交往，自己也难免同流合污了。

那什么是"卓越人士"呢？卓越并不是指某人家世显赫、地位超群，而是指他的品性好，有修养、有内涵，并为众人所认可。"卓越人士"大体分两种，一种是在社会上处于主导地位的人；二种是有着特殊才华的人，他们可以是对社会有杰出贡献者、专业才能突出者、学识渊博的哲学家，或是才华横溢的艺术家等。

对于"卓越"特质的界定不是由某个人说了算的，而应该是得到了社会的认可才行的。

当然，其中或许也有些人例外。总之，你应该尽量跟这样的人有更多的更深入的交往。

在"卓越人士"聚集的团体里，也免不了会存在这样一类人。他们虽处在这个身份极高的团队里，但是他们却不懂人情世故、为人处世，更有甚者简直是一无是处。他们虽然也能够获得众人的尊敬，但绝不是我们向往的绝佳的交往对象，他们只是沉溺于学问的钻研探究之中，对于快乐为何物、世界是怎样的，他们并不感兴趣，甚至也不想知道。

如何跟这些人交往，对我来说也是个不小的挑战，我只能说还没想到有什么好的办法。我倒认为，或许厚着脸皮去自我推荐一番，或者找一位知名人士推荐一下，也未尝不可。当然了，你也可以凭自己的能力申请加入这个团体，真诚地用心寻觅朋友。

如果你能参与到这个团体，并借此机会仔细观察人们的不同品性、不同人格和不同的道德观念，相信你会有很大的收获，同时这也是一件值得去享受的快乐事情。

但需要提醒你的是，即使你已经参加了此种团体，也不要封闭自己，要时刻提醒自己，要经常关注一下外面的世界。只有这样，在对比、比较中，你的判断能力才会逐步提高。如果你仅仅沉迷于小圈子之中参与和交往，对世事的洞察和判断力就会不断减弱，甚至有朝一日，再次踏入鲜活的社会时，你会觉得自己像个异类，融不进这个飞速发展的社会了。这将是一件很可悲的事情。

2. 保持自己独立的判断力，才是最适当的交往方法

处于这个年龄段的年轻的你们，都希望能和一些才华横溢的人结交。

因为如果真的能和他们结交，也可以证明你们自己也是小有才气的，你们也相信以自己的才气，完全可以和他们交往得如鱼得水。即使达不到此目的，也可以满足自己与才华横溢的人共荣的心理。

然而，需要提醒的是，你即使和才气纵横、魅力十足的人交往，也要把握好尺度，不可抛弃自我一味地全身心投入。最适当的交往方法就是以不丧失自我的独立判断力为前提。对于"才智"，并不是所有的人都可以心悦诚服地去接受它，相反，它还有可能令某些人感到不快的方面。

通常情况下，在某些公共场合，锋利的才智往往会令人感到恐惧。就像枪炮之于妇女一样，她们见到它就会害怕，害怕会突然有人朝自己扣动扳机，自己性命就没了。所以，我们不拒绝与才华横溢的人结交，并且在与他们的交往中，我们通过观察与思考，会得到很多有益的帮助。这是值得肯定的，甚至是令人兴奋的。但是我们不应该因为与之交往，就放弃了与其他人的交往。这是一种不明智的选择，到头来，你肯定会有得不偿失的感觉。

3. 避免与水平比自己低的人结交

我认为，学会避免与水平低的人结交，是你在人生发展中必须具备的观念之一。因为，我见过太多这样失败的案例，很多人原本社会地位稳固，并具有较强的判断力，但在他们结识了很大程度比自己低的人之后，在交往中渐渐迷失了自己，信用扫地是小，沉沦堕落，甚至身败名裂则成了他们的最终结局。

仔细分析，你会发现，无论从何种角度看，结交程度比自己低的友朋，都是虚荣心作祟的一种突出表现。因为每个人都希望能在群体中脱颖而出，得到众人的一致称赞，受人尊敬，卓越超群。这些都是因为虚荣心在作祟，按捺不住的虚荣心会蒙蔽人们的眼睛和心灵，让人们宁愿铤而走险、作奸犯科。

如果一个人以与不如自己的人结交为代价，换取那些名不副实的赞扬和追捧，结果会怎样呢？他会渐渐地变得与这些人层次相当，甚至再也不愿结交那些出色的朋友了；或者，你想结交高层的朋友，人家也不接纳你了。

所以我还是要时刻提醒你，人一定要慎重地选择自己的结交对象，不要被程度低的伙伴同化。不管这样是使自己的层次提高还是降低了，其结果都一样。

第55封信　轻松自如地与人交往

一个人如果没有坚强的决心和意志，不去磨炼自己，不能自如地和眼前的人们交谈，他必然会沮丧得不知所措，甚至有可能会选择从此再也不愿走进社交场所。但是，那时的我，坚持着一个信念，那就是既已驻足此地，就必须使自己融入这个社交圈中。

现在的我，还清晰地记得，刚刚踏入社会的我被引荐给许多光彩照人人物时的情景，那种紧张与不知所措，是很难用恰当的词语来形容的。当时，满是书生气的我，诚惶诚恐地呆立于他们的面前。虽然不停地鼓励自己，举止要优雅大方、彬彬有礼，但是，一旦面对陌生人，我能做的只剩下羞涩地低头，或是仰天长啸，或是瞪着天花板发呆了；如果有人要跟我交谈，我会手足无措、不知所云。

如果这时恰巧听到认识的人讲话声，就会情不自禁地以为他们是在对自己评头论足，或者感觉这些在我周围攀谈的人们，正在对我笨拙的举止表现大加指责，嘲弄我愚蠢的言行。

经历过这些的我，后来仔细想想才明白，人们绝对不会对我这种初出茅庐、涉世未深的年轻人有多大兴趣的。

在那段虽然短暂但却非常难熬的时光里，我也在不停地反思着，尽力去鼓励自己。

其实，一个人如果没有坚强的决心和意志，不去认真磨炼自己，不能自如地和眼前的人们交谈，他必然会沮丧得不知所措，甚至有可能会从此再也不走进社交场所。但是，那时的我，坚持着一个信念，那就是既然已驻足此地，就必须使自己融入到这个社交的圈子中。

决心下定后，我一下轻松了很多。从此，有着坚强信念的我，把那些举止无措的行为一扫而空，与人交谈时，我也不再有结巴、词不达意的现象发生了。

根据我的经验，我想给你以下提示：

1. 所有好的开始都要由自己来创造

在那样的场合中，偶尔也会有人注意到我那困惑的表情，他们便会在自己空闲时，走到我身旁与我交谈。到现在，我仍然对这些人心存感激，并认为这是天赐良机，是上苍派遣他前来安慰我、赐我以勇气的。这时候，我的勇气也因此受到莫大的鼓舞，信心倍增。于是我便硬着头皮，与这位好心人交谈起来，说出的也不过是今天天气真好之类的话。但这位高尚的人也会非常耐心地、非常客气地给以应答。当然也会出现那种非常尴尬的情形，就是我会在对话中突然中断，不知如何再说起话题，我只能在那里艰难地搜肠刮肚，以寻找新的话题。这时，那位好心人会再度开口说话："别着急，看来，能跟我进行交谈你就已经鼓起了很大的勇气了……但是千万不要放弃呀，要有信心战胜困难，大家都能体谅您的心情。我觉得您现在首先要做的应该是试着让自己放松一些，让自己紧张的神经松弛下来。然后，清醒轻松的您就能自然而然地想出接近大家的方法来了。"

"其实，作为初涉社交圈的您已经很不错了。不要对自己妄自菲薄，相信您只需勤加练习，不久，您就会成为一位出色的人物。如果您愿意的话，您可以跟在我身边练习，我会视您为钟爱的弟子，将您介绍给我的朋友……"你应该可以想象得到，我听见这番话语时的激动而又高兴的心情吧。那你知道我是怎样用自己那笨拙的语言来回应对方的吗？我干咳了两声，好似喉头给哽住了，思索片刻后，回答道："真的非常感谢您的鼓励。也许是由于自己还没有习惯与许多杰出人士交往吧，我对自己的举止竟毫无自信。如果您果真愿屈尊降贵，不吝赐教的话，我愿执弟子之礼，奉您为师。"

在我断断续续嗫嚅之际，这位好心人又叫来了三四个人，用法语说（当时我身在法国）："各位，刚接受教育这位年轻人的重责大任的我，无比高兴。这年轻人一定很喜欢我，否则，他就不会鼓足勇气与我交谈了。我知道对他来说，就像说今天天气很好之类的话，也是一个很大的挑战。"

"我希望各位朋友拿出你们的热情来，一起来帮助这位年轻人吧，他需要一个很好的榜样。假使我不是个适当的好榜样，那让他去找别人吧。不过，像歌剧歌手，或者是女演员之类的人物，可是不适合你的哦。如果和她们相爱，就算能够收到千锤百炼的效果，但是，最终的结果也免不了是财富耗损、健康败坏、思想荒芜这样的下场，就此堕落沉沦罢了。"

在场的人们，听到他这番出乎意料的言说，都情不自禁地笑了起来。当时的我只是面红耳赤、呆若木鸡地立在那里，也不能清楚地判断出他是当真还是戏弄我了。此时此刻的我，思绪也翻腾不已，只能是又是欢喜、又是害羞，但又略带怯生地静静听着。

2. 干劲与韧性乃是与人相交不可或缺的两大要件

后来我才知道了这位好心人的影响力。自那次开始，就连那些他所介绍的朋友们，都屡次在他面前大力举荐我。在大家的鼓励、支持与帮助下，我逐渐地找回了自信，可以举止大方地与人交谈了。自此以后，我明白了榜样的力量是无穷的，所以一发现优秀的榜样，我就会不失时机地加以模仿。随着时间的推移，我也能够平心静气地去模仿他人的举止了，最后，终于能够在模仿的过程中，将自己的想法融入其中，化为自身的行为了。

对你而言，成为让人们喜爱的人物，踏入社会之后，能闯出一番事业来，这些梦想并非不可能。我相信，如果你能拥有十足的干劲、坚强的韧性，任何事情都是难不倒你的。

第56封信　与人交往时的言行举止

孩子，要记住：笑，是一种好的、有活力的东西。但人们在交往中却经常忽视了这一点。矜持、温雅的笑容可以打动很多人，给人留下美的印象。当然了，傻笑并不可取。当众起哄，跟随他人傻笑是修养不够的表现，一个真正睿智、理性、又能明辨是非的人，是绝不会那样做的。一个有修养的人，应该有真正合时宜的微笑，应该是那种不露声色的矜持与温雅的微笑。

在人际交往过程中，刚开始时固守着心中的堡垒是很正常的，但如果你感觉到对方已经对你敞开了心扉，那么你也应该试着将心中的禁闭之门慢慢开启。

为什么很多人习惯于固守心扉呢？说到底，这其实是一种自卑心态的表现。他们往往不想让人偷窥到深藏于内心深处的所谓"内涵"，认为言多必失，害怕在不经意的谈话中露出马脚。克服这一弱点的重要方法就是，要坚持经常与举止坦率的人交往，从中获取经验与知识。

在与人交往的言行举止方面，我想给你提以下几点忠告：

1. 尊重来自"直视"

在与人交谈的过程中，尽量保持与对方眼神的交流，特别是直视对方。不然，对方会感觉你有些心不在焉。另一方面，不直视对方也是失礼的表现。在与别人交谈的过程中，应尽量避免那些会给人不尊重的感觉的行为，比如你一会儿抬头看天花板，一会儿注视窗外，一会儿又低下头把弄手中的烟盒……

一般来说，遇到这种情形的人，如果自尊心比较强，多少都会有点儿恼羞成怒的感觉，他甚至可能会表现出憎恶厌烦的样子。我已经跟你强调多次，这样无礼地对待别人，无论什么人，他的自尊心都会受到不同程度的伤害。

在交谈中，不能够正视对方，这不仅会留给对方不好的印象，而且也会因此而失去观察对方的机会。要知道，通过眼神来了解一个人的内心深处远比通过双耳要可靠得多，因为人的眼神说起谎来实在是比嘴巴说谎要准确得多啊。

2. 避免中伤他人

对于关于某人的丑闻，希望你不要表现出什么热情，更不可肆意加以传扬。社会上有很多人热衷于去窥探他人的丑闻，他们对此乐此不疲。但若冷静地想一想，这种行为真的是既损人又不利己，为什么还要干呢？若事情本来并非如此，对当事人来说，这种中伤给他造成的伤害会更大。

3. 永远保持矜持、温雅的笑容

孩子，你要记住：笑，是一种好的、有活力的东西。但人们在交往中却经常忽视了这一点。矜持、温雅的笑容可以打动很多人，给人留下美的印象。当然了，傻笑并不可取。当众起哄，跟随他人傻笑是缺少修养的表现，一个真正睿智理性、又能明辨是非的人是绝不会那样去做的。对于一个有修养的人来说，应该有真正合时宜的微笑，应该是那种不会发出声音的矜持、温雅的微笑。

在一些公共场合大笑不止的人，是非常失礼的表现。愚蠢的人才会在对一些无聊事情的满怀喜悦之情时，放声大笑，这并不是一个温文有礼的人应有的行为。孩子，提醒你千万不要染上这种大笑的低劣举止。另外，遇到一些粗俗的事就捧腹狂笑，就更让人觉得你愚蠢之极了，但我却总看到很多人乐此不疲。比如：有人背后的椅子已经被移走了，一屁股坐空了，随之而来的就是幸灾乐祸的大笑——这种笑是相当低俗的。这是这些人见识低级、乐趣低劣的集中表现。这些人往往对那些令人心情爽朗的乐趣全然无动于衷，却只关注于这些下流的恶作剧或无聊的偶发事件所带给他们的刺激与大笑，不懂得丰富自己心灵的重要。在大多数情况下，大笑只会给人留下刺耳、不舒服的感觉，暴露的是这些人的浅薄、无知与空虚。

如何克制这些低俗的大笑呢？其实很简单，你只要对这种愚不可及的行为有深切的洞察，然后稍加努力，就可以自如地控制了。

4. 坏习惯会降低别人对你的评价

摸鼻子、挠头、玩弄帽子等行为，是很多刚刚踏入社会的年轻人身上存在的坏习惯。究其原因，其实也很简单。在这些年轻人初涉社会与人交往时，往往会出现不知所措的情况，为了避免这种尴尬情形，便产生出了这些很奇怪的矫饰行为。他们总是试图尝试着用各种不同的表情动作来掩饰内心的紧张情绪，时间一长，便在不知不觉中形成了很多坏习惯。

就像我的朋友瓦拉先生，他本来是个人格高尚的人，但他在与人交谈时总忍不住边笑边说，且已成习惯，好像不这样，他就没有办法把完整的意思表达出来，这真是件令人遗憾的事情。我们这些老朋友都知道他有这个习惯，接受起他来没什么问题。但那些和他初次见面的人却不知道这些，看见他与人谈话，这么随便，总会认为他的脑子不是很灵光。他的这一习惯已经多年，再改实在太难。他本人对此也无可奈何。这种不经意间的动作，总会给人带来些慌慌张张、不够稳重的感觉，这也许都是他当年刚刚踏入社会时留下来的毛病吧。

像瓦拉先生这样，有着这样或那样坏习惯的人还真不少。这虽然不是什么顶坏的事，但毕竟不是什么好事，会给他的人际交往带了些负面影响。因为这些不好的习惯，总留给人不佳的印象，我想你还是应该以此为戒好。

第 57 封信　知性、理智地处理问题

所谓生活智慧，根本在于无论何时何地、何种环境中，都不要让别人轻易地从你的言语、动作和表情上察觉到你的心意，更不要彻底地表露出你的感情。因为，一旦你的"底牌"被别人彻底察觉，那你就失去了本应

有的自主性，最后也免不了会被别人牵着鼻子走。这种情况并不仅仅限于生活中，工作中也是如此，不够坚强的你，也很有可能会在不知不觉中被人操控。

或多或少地掌握一些生存的战略性技巧，这是在社会上更好地生存并出人头地所必不可少的本领。这些战略性的技巧可以说就是一些"生活智慧"。

所谓生活智慧，根本就在于无论在何种情况、何种环境中，都不要让别人轻易地从你的言语、动作和表情上察觉到你的心意，更不要彻底地表露出你的感情。因为，一旦你的"底牌"被别人彻底地察觉到，那你就失去了本应该有的自身的主动性，最后也免不了被那些善于自我操纵的人控制或者是让那些态度冷静的人牵着鼻子走了。这种情况并不仅仅限于生活中，工作中也是如此，不够坚强的你，也很有可能会在不知不觉中被别人操控。

尽早地了解这些，并付诸实践，可以帮助你掌握很多人的心思，这会对你走向成功起到很好的推动作用。但年轻的你，似乎对这些表现都不感兴趣或者是不以为然，甚至有时还会非常厌恶。但我在此郑重地提醒你，多了解一些对你将来的发展是只有好处而没有任何坏处的。

像这些喜怒皆形于色的人会很容易被那些狡猾奸诈、装腔作势的人所利用和操纵。比如这些人听到某个令人厌恶的话题时表情变化明显，甚至会接着表现出抑制不住的愤怒；或者是听到某件令人喜悦的事情时，就彻底放松下来，表现得喜上眉梢。

狡猾奸诈的人往往会故意说出一些令人生气或令人高兴的话，来试探对方的反应，然后抓住机会，从中寻出别人绝不轻易泄露的秘密。好管闲事的人和装腔作势者也是一样，不一样的只是他们会在不知不觉间变得和狡猾奸诈的人一样而已。只不过那些好管闲事的人往往无法从中得到任何利益，却将利益拱手让给了狡猾奸诈的人。

为此，我要给你提几点忠告，希望你能够牢记在心。

1. 不要拿性格当借口

像聪明、机灵和洒脱这些"优点"，虽然在很多场合可以帮你得到他人的赞赏和肯定，但却不等于你也得到了别人的好感；进一步说，如果把握不好，还有可能使你树立更多的敌人。而与之相反的是，在某些时候学会装傻才是一个绝佳的办法。比如在某个场合，有人故意跟你过不去，指桑骂槐，矛头指向你。遇到这种情况，最好的处理方法就是装傻充愣，表现出一副不知所云的样子。如果他还不罢休，反而变本加厉地直接对你进行讽刺挖苦，装作听不懂已经不足以应付此种局面了，那就不妨采取"入伙"的方式，和大伙一起笑，承认对方所说的内容，并对对方褒贬手法的高明表示敬佩。在这样的场面中，始终保持应有的稳重、冷静。即使对方说错了，你也不要加以反驳。因为那样做只能表示你公开承认自己已经受了伤害，那之前所做的各种艰辛和努力都白费了，只能换得个竹篮打水一场空。

在性格和理性的重要性问题上，一般人总习惯性地认为性格更重要，要首先考虑到，从而对理性不够重视。其实，事实正相反，只要你肯坚持不懈地努力，就一定可以养成以理性来抑制性格的好习惯。

也许，你会有这样的疑问，认为冷静与否是性格的一个外在表现，它与人的意志无关，并且这也不是靠意志的力量就可以办得到的。我们承认性格对一个人冷静与否影响很大，但是我们也不可不假思索地将所有事情都归于性格。因为我相信，如果你真心努力过，有些部分起码是可以得到改善的。

要想使突然爆发的甚或是无法抑制的感情镇定下来，最好的方法就是闭嘴。另外，还要尽量控制住自己脸部的表情，尽可能不要有太大的变化。如果在平常的生活中，你能够时刻注意到这些的话，随着时间的推移，相信你一定会养成冷静处理事情的好习惯。

2. 永远不要亮出你的底牌

无论是在生活中还是工作上，一个不能很好地隐藏自己感情和表情的人，是很容易受到奸诈之人的摆布的。即使条件相当也是如此，更不用说对方手腕高明了。总之，自己的心情一旦被人读出，你的主动性就不存在了，不仅再也无法控制别人，甚至有时，还会让自己一败涂地。

希望你能努力做到将自己的感情完全隐藏起来，就算是心中泛起了什么感情的波澜，也不要将它表现在脸上或言辞上。当然，我知道这对你是有点儿困难的，但我觉得也并非是完全做不到。有理性的人一般不会轻易挑战一件不可能完成的事情，但如果遇到有困难但确实有追求的价值的事情，那么，不管付出什么样的代价我们都必须去做，我希望你能理解这句话。

在商业竞争中，尤其在当面交涉事情的过程中，一个血气旺盛的人是很难获得良好结果的。因为血气方刚的人的心志很容易受到外界的干扰，有可能就只是遇到一点点的小事情，他都会方寸大乱。他们往往会喜怒皆形于色，或者还有可能讲出许多不合时宜的话语。如果你的对手是这种人，你就一定要注意观察他的表情变化，想办法用策略套出他们的秘密，并趁机掌握他们的真意。这样，在谈判桌上的你，就掌握了整场谈判的主动权，可谓胜利在握了。

你以前曾经说过，假装不知情不就没事了！话这么说虽然没错，但你要明白，为了不让人读出你的心事而假装不知，和为了欺瞒对方而假装不知，两者的差异是很大的。不让人读出心事是为了占据主动，保护自己，而为了欺骗他人而隐藏感情，则是一种有悖道德的卑鄙行为。

记得培根说过："欺瞒对方，这是真正的智者所不愿做的；为了不让对方看透心事，进而隐藏感情，和打牌时不让人看你的牌是相同的。但如果是为了欺骗对方而这么做的话，那就等于你在偷看对方的牌，那是可耻的。"

政治家波林布鲁克也说过："为欺骗别人而隐藏感情，就像是在暗中拔出了短剑，是一种既不受欢迎、也违反道德的行为。"使用了短剑之后，不论如何辩解，这种行为都不可能再是一种正当的行为了。但是，如果是为了不让别人看出你的本意而隐藏感情，就像手持盾牌上战场一样，这是出于保护自己而披上盔甲是应该的。

工作中，如果不能在一定程度上隐藏感情，就无法保持工作的机密性；如果不能保持机密，工作就无法顺利进行了。这个道理和铸造硬币的道理是一样的，在铸造硬币的过程中，将贵重金属中混入少许的合金是必需的，但如果合金过多，硬币也会随之丧失一般通货的价值，铸造者的信用更无从谈起。

第58封信　通过教育和社会交往塑造良好的个性

一个马车夫生来也许具有像米尔顿、洛克或牛顿一样优秀的资质，然而后者经过教育训练，已经远远地跃居其上，而多年后的马车夫却仍骑在马上。

孩子，好久没有收到你的来信了，不管是你的信，还是哈特先生的信，我都没有收到任何一封。你说的三封信，我想肯定是途中某些原因造成了耽搁。毕竟我这里离莱比锡实在太远了，可能出现的情况太多了。我总认为你的状态应该不错，况且我也没有听到任何关于你的不好的消息。而且就像我常常告诉你的，我更关心的是你做得好不好，而不是你的状态如何。你要是真的没有写信，我猜测你一定是在做些非常有意义的事情。

保持身体健康，对于你这个年龄段的人来说，并不是件困难的事情。只要你坚持自律，健康不会离你而去的。再加上上帝对你的充分眷顾，除非他自私地将爱都留给了自己，就算是你一边放纵，一边吃药，他也不会中断你的健康。但对于大脑而言就不一样了，在你这样的年龄，尤其需要自身对你的脑子投入大量的、持续的关爱，最好还要配合一定的体育锻炼。你的脑子也需要做大量练习，以便能够使其一直保持健康而有活力的状态。因为，每时每刻，你对大脑的正确或错误的使用都会在你的头脑里留下深深的印迹，并且这种影响是很久远的。

那么经过教育训练与未经教化的头脑间的区别究竟何在呢？让我们来观察探究一下吧。

你肯定会觉得吃再多的苦、花再多的时间来训练自己也是件非常值得的事情。就像一个马车夫生来也许具有像米尔顿、洛克或牛顿一样优秀的资质，然而后者经过教育训练，已经远远地跃居其上，而多年后的马车夫仍然骑在马上。当然，有些杰出的天才没有经过教育训练也能脱颖而出，但这样的例子实在太少了，没有太大的说服力。也许，如果他们充分利用了教育，他们甚至有可能会成为更伟大的人物。就拿莎士比亚来说吧，如果他的创作天赋得到了更多教育和培养的话，他的巨作中那些我们如此崇拜的美妙之处，也许就不会因为老是伴之以喋喋不休的连篇废话而变得令人生厌了。

一般说来，从 15～25 岁这个年龄段，是人们通过教育和社会交往来塑造自己个性的黄金时段。所以，仔细考虑一下，接下来的 8～9 年对你就非常重要了，你的一生都将依赖于此时的积累。在你面前我可以真诚地说出我对你的期望和对你的担心。我希望你会在获得这些丰厚广博的知识储备的基础之上，成为一个优秀的学者。但是，令我担心的是，你有时会忽略掉一些看似微小，但实际上又很具体、很有价值的事情。就像温文尔雅的礼貌、令人愉悦的举止言谈和曲意委婉的行为一样，都是些非常重要的优点。只有那些头脑简单的人才会把这些优点不当一回事。还要提醒一下你的就是，你讲话时语速很快，而且不够清晰，这是些没有风度、甚至令人讨厌的习惯。我说过你上千次了，一定要留意纠正这种行为。你现在有可能还没有意识到令人喜欢的、清晰的讲话方式是非常关键的。就像我知道的那样，许多优秀的演讲之所以不为人知道，就是由于演讲者在演讲过程中暴露出了某些令人讨厌甚至是让人无法忍受的细节。相反，有许多无关紧要的演讲，却因演讲者注重细节而赢得众人的喝彩。

第59封信　做一个好的竞争者是成功的关键

在这个社会里，周到的礼仪以及温和待人处世的态度，是每个人所必须坚持的原则。朋友不知何时就会变成敌人，敌人不知何时也会变成朋友，所以即使心中有所憎恨，起码表面上也要微笑地与之相处，相互爱惜、彼此珍重为好。

能够适时地压抑自己的感情、表面上掩饰得很好的人，在竞争上一定可以获得胜利。

"殷勤的态度"这个词，法国人非常喜欢使用。这其实是在提醒那些对情敌露骨地表示嫌恶、心胸狭窄的人们，要以温和的态度来相待对方。为了让你更容易理解这个道理，我就拿我自己的经验来说一下吧！希望当你处于和我一样的情形之下时，能够想起我的这段话，来帮你渡过难关。

作为国家的大臣，我曾经到过荷兰的海格，要求荷兰全面加入澳洲继承战争。具体来说，我是去交涉决定军队数量等事情的。在那里我遇到了一位你也非常熟知的大修道院院长，他站在法国那一方，所以极力劝阻荷兰参与战争。这位大修道院院长头脑清晰、心地温和、能力极强，对此我也早有耳闻。但由于我们各自都代表着相对应的利益团体，我只能和他成为宿敌，而无法亲密地深交，这一直是我觉得非常遗憾的事情。我们两个是在设有第三者的座席上初次见面的，通过第三者的介绍，我向他委婉转达了我的想法。

"虽然是敌对人士，我们难道不能超越这层关系，进行更深层次的沟通吗？"

大修道院院长以慎重的态度回答了他自己的想法。

两天以后，我一大早到阿姆斯特丹参加会议，当时大修道院院长早已经到了，我面带微笑地对议员们说我认识大修道院院长。

"当我看到我的宿敌在这里时，觉得非常遗憾。"我开口这么说道，"是因为他的能力使我感到非常害怕，这不是一场公平的战争。但是为了国家的利益，我不允许自己在他的能力下屈服。"

虽然当天我不能只说这番话，但说了最后一句话时，我已筋疲力尽了。

我的话一说完，在场的每一个人都微笑起来。大修道院院长也对我的说法表示赞同，十五分钟之后，他留下我离席而去。

我继续发表看法，以一种比前面更诚恳的语气说：

"我站在这里讲话，完全是为了荷兰的利益着想，这一点是我一再跟各位强调的。大家都是我的好朋友，我不需要在你们的面前伪装。但是，我也希望你们都能像我一样，大家能够以诚相待，开诚布公来谈。"

最终，我成功地完成了自己的使命，而且后来大修道院院长接受了我的主张。即使是在有第三者在场的地方相会，我仍然会以一如既往的虚心态度与他相处，询问其近况。

优秀、伟大的人对待他的竞争对手的态度有两种，一是极端的温柔，一是非常凶狠。如果对方从开始就故意侮辱你、蔑视你，那么你没有第二种选择，只好和他大打出手了。可是如果你把他打伤了的话，出于礼貌，你表面上还是应该去探望他一下，但这并不是欺侮对方。就算对方或许将来还会再来复仇，探望一下对自己也没什么坏处。如果你承认这个人的价值，愿意和他做朋友的话，或许你的态度会让人觉得你很软弱，但是我觉得和这样的人做朋友也并不是件坏事。

在公众场合中，如果你委婉地与突然失礼的人交谈，应该也不会受到责备的。大家往往会认为你是在替他打圆场，努力不使周围的人对其产生厌恶感。请记住，在这个社会上，不能以自己的好恶来扰乱他人的生活，这是在人们交往中约定俗成都应该遵守的公约。如果因为侵犯了这个公约，而被世人所取笑，这是不值得同情的。

在这个社会里，周到的礼仪以及温和的待人处世的态度，是每个人要生存下去所必须坚持的原则。朋友不知何时会突然变成敌人，敌人不知何时也会变成朋友，所以即使心中有所憎恨，起码表面上也要微笑地与他相处，相互爱惜，彼此珍重为好。

第七章　人格魅力

孩子，在社会中生存，得到大家的认可和爱戴，并不是什么为难的事情。想要捕获人心，你首先要在个人形象上下一点功夫，注重自我的修饰。这既是对自己的尊重，也是对别人的尊重。在和人交往中，你的形象就是你无声的名片，它已经先于你给对方留下了印象。在我看来，得体的衣着，优雅的举止，真诚的目光，自然的微笑，周到的礼节，以及对他人心理的揣摩和把握，足以让任何人接受你。在与人打交道的过程中，你这些因素的作用，共同构成了你的魅力，让你获得尽可能多的朋友。

第60封信　提高声望，受人爱戴

想获取社会中的声望并非难事，只要将自己优雅的身段、真诚的目光、细腻的心思、娴熟且让对方喜爱的言辞、气氛、服装等集于一身，便能捕捉对方的心。

我们在世界上生活，有朋友，也会有敌人，不可能获得所有人的喜爱和拥护。当然了，这样说，并不意味着我们不用去努力获取别人的爱戴。我的经历告诉自己，世界上最强的人就是拥有朋友最多、拥有敌人最少的人。他能获得尽可能多的友爱，免受尽可能少的嫉恨，所以更容易成功；即便是遭受逆境，也能够得到足够的帮助。所以，结交更多朋友，让自己避免可能树立的敌人，应该是我们人生追求的目标。如何做到这一点呢，我想给你几点忠告：

1. 人不是以"头"，而是以"心"来保护自己的

你肯定听过奥蒙多公爵的故事。他不是个聪明人，但是很有礼貌，礼仪得体，在这方面无人能与之相比，在全国也是颇得众望的人物。他性格直爽、真诚，投身于宫廷及军旅生活后，待人接物秉持柔和的态度、细腻的心思。这些魅力，完全弥补了他思维能力并非最优的缺憾，因而获得了社会至高无上的评价，他也备受众人爱戴。

2. 不可懈怠"被爱"的工作

个人所获得的声望，没有一个可以明确计量的方法。比如说你受到大家的喜爱，就说明了众人对你的好意、爱戴与善意。可是如何去赢得众人的爱戴呢？首先你也要为此付出一定的努力，世界上所有的事情都应该通过努力才能获得。我这里所说的人们的好意及爱戴，并不仅仅是情人间的卿卿我我，也不局限于三五结伙的朋友间的友情。这些领域的感情值得珍视，但是也只是局限于三五人的小圈子，我这里强调的是要同各种人保持良好的关系。通过与这些人的交往，既让对方感到愉悦，也能够使自己获取更大范围的好意、情爱及善意。此种情感，超越了利害冲突的人的交际圈，范围非常广泛且持久。

如果我现在能回到像你这般年纪，我愿意将人生的大部分时间，用来获取更多人的爱戴目标上。原来我只是致力于求取自己喜欢的人的关注，至于其他人，并没有多少关心。你不要再采用这样的态度，这并不是一种合理的或者完满的待人处世的态度。一些有能力的人常常会对自己喜爱的人的判断有偏差，说的话、做的事都失去了应有的分寸，有时候你甚至会因此迁怒别人，搞得自己也无所适从。

身处众人的关心关爱之中，让更多人的好感包围着你，远胜你一个人寂寞单调地生活要好。如果一个人想取得更大的成功，这些人应该成

为你坚强的后盾。如果你的这个后盾中还有些有声望的人，那你成功的可能性就会更大了。

想获取在社会中的声望并不难，只要将自己优雅的身段、真诚的目光、细腻的心思、娴熟且让对方喜爱的言辞、气氛、服装等集于一身，便能捕捉对方的心。我也见过很多明艳的女士，但是她们却无法吸引我的关注，这是由于彼此的观念有所差距。有些人的确是很不受人欢迎，究竟是什么原因，你想必也能明白。如果你对自己过于自信，认为自己已经完全合乎社会的审美需求，忽视了学习的重要性，这难免会成为极大的错误。

我曾和称不上美女的人谈过恋爱，这种女性气质高雅，她们深深懂得如何取悦他人，掌握人心。在我的人生中，唯有和这种女性热恋时，才觉得幸福的如在梦中。

第61封信　虚心学习别人的优点

如果你周围并没有受欢迎的人，你就要明白，身边的所有人都可以成为你的老师。无论多么出色的人，也不可能拥有所有的优点；同理，再愚昧的人，也必然有其优点。无论对哪一类人，你只要学习他们的长处就行了；对于他们身上的不足之处，可引为借鉴，以警惕自己。

捕捉人心的言行是你注意学习的重要内容之一。只要自己用心去观察，加上有机会能和杰出人士接触，获得他们的指点和影响，你就能够很快学到这些。在我看来，最好的学习方法之一，就是这样。如果你能够坚持下来，你也就一定能够学到别人的办法，最终也成为杰出人士。

怎样才算杰出人士呢？当你们初次相见的时候，他就能很快地吸引住你的注意，让你对他产生好感，这就算是杰出人士了。如果遇到这样的人，你不应该放过机会，而是应该仔细观察他的做法，并注重从内心深处思考这种情况产生的内在原因。

如果让我来判断的话，这样的人肯定是态度谦虚，落落大方，举止优雅又张弛有度，再加上言谈衣着等方面的因素，使人们很容易被他所吸引。如果你想很快就学习到他的本领，可以先从模仿开始。但是模仿并非是全盘无差别地接受，因为这样只能制造一个一模一样的人，而失去了自己的个性。就像画家学画始于模仿名家的作品一样，如果永远只停留在这个阶段，模仿得再出色，也没有任何意义，因为那不是自己的作品，只是复制别人的作品。

　　设法提升自己的内涵，让自己更为出色。我这里有几条建议：一是注意学习对你产生吸引力的人的言谈举止。尤其是对于那些多数人都认可的出众者，你就更需要向他学习了。需要学习的内容很多，包括：对待长辈的态度和方法，在各种场合用怎样的言谈应对；与自己身份相同或者不如自己的人，应该怎样分别对待；拜访他人，应该交谈哪些话题；在和别人聚会时又应该谈论哪些话题。学习之余，要牢记：切莫画虎类犬。

　　在学习他人的过程中，你需要学习的只是这些人的优点。在我看来这些人肯定也有些缺点存在，正如前边我们说过的，这也是难免的事情。这个时候，你就要提醒自己了：千万不要学习别人的缺点。在和各种人打交道的时候，你应该明白，适当的态度、恰当的评价是要用心去揣摩和呈现的，这样必然能博得对方的欢心。使自己受人欢迎也需要你播种，才能收获丰硕的果实。

　　善于学习的人很容易获得大家的好感，以你自己为例。现在你经过学习，有了丰富的知识、高雅的举止，所以才能受到大家的欢迎。学习中，有一个比较重要的问题，就是要选择好榜样，你总不能不分好坏随意挑选一个人就去模仿吧。有了好的榜样，你就能在不知不觉间从谈话对象那里学到对方的优点。

　　我身边就有很多这样的朋友，说起来并非特别出色，因为善于学习，才能够拥有出众的智慧。如果你能如我所说，注意多多地同优秀的人们交往，很快你就会把自己也提升到他们的层次。在我看来，你现在是有这个潜力，能够将来成为和他们平起平坐的人。

如果你周围并没有什么特别受你欢迎的人,你要知道,那么你身边的所有人都可以成为你的老师。无论多么出色的人,也不可能拥有某些优点;同理,再愚昧的人,也必然有其优点。无论哪一类人,你只需学习他们的长处就行了;对于他们身上的不足之处,要引为借鉴,以警惕自己。

这世界上,不论是受欢迎还是不受欢迎的人,他们都一样需要谈话、动作、穿着、饮食等行为,但是其行为方法和态度却有天壤之别。所以观察他们行为的差别,你就知道自己应该怎么做了。

第62封信　真诚地感谢他人

一些非常重要的场合,一个人必须要有分辨可能与不可能的能力。如果碰到的问题让你感到困难重重,若能聚精会神、贯彻始终、持之以恒,必会有所突破。

前几日,有朋友自罗马来,对你做出较高评价,言语中颇有推崇之意,称你为罗马最受欢迎的人物,我听了很是高兴。相信你在巴黎,同样会大放异彩。巴黎的人民,最欢迎礼仪端正、举止高雅的绅士。高兴之余,有几句话要加以嘱咐。夸赞固然动听,但若因此沾沾自喜,则不可取。如果在与各色人等交往中,你能把自己的热情传达给他们,让他们感受到你对他们国家的热爱之情,这才是你真正的成功。

我这样说,并不是让你整天把致谢之类的言辞挂在嘴上,这样的事儿也有过犹不及的可能。但是你应该通过态度,来表达自己的感情。如果你在巴黎受到热情的款待,你所能回报大家的,也就是你的态度和感谢之意。来而不往非礼也,如果是我的话,人家如此善待于我,我是必定要表示诚挚谢意的。

所以在此,我按照我自己的责任,对你做善意的提醒:

1. 开朗、坚忍的态度甚于好的教养

我已经办妥你在巴黎居住的事项,宿舍已经准备好,你可以随时搬进去。就这件事儿来说，你要好好谢谢我。如果你住在饭店里，起居固然舒适，不过需要往来交通，恐怕也有不便之处，更遑论来回路上的往返还有时间的浪费。当然这些，并不是我希望你住在学校的主要理由。

住在学校里，你的生活圈里都是巴黎上流社会的年轻人，你很快能融入他们的生活圈。如果以你的魅力来说，想来很快能让他们顺利接受你。有这样好的结果，也没有花费巨大的金额，何乐而不为啊。而且你的法语说得不错，融入当地年轻人也比较容易。各方面的因素都能为你获得充实的社会生活提供有力的帮助，这是我注重的。如果换为其他的英国年轻人，无法讲流利的法语，连日常的交流往来都不行。而且他们对待人接物的方法一无所知，所以，不仅无法恰当地表现自己，更可能在巴黎的社交圈留下不良的印象。

你要记住，和他人打交道的时候，不论对方是男是女，都不要畏缩不前，不要犹疑不定，否则人家不会看到你性格中良好的方面，而只会认为你是个不可结交的人。不要担心自己做什么事情不成功，你只要鼓起勇气，勇敢地去做，并在这个过程中不断地鼓励自己，结果将是你所期望的。

以你的所见所闻，肯定也见过有些人并没有特殊的长处，有的甚至还缺乏教养，但是他们也能凭借心性坚忍不拔，性格开朗乐观，攀上人生的高峰。这种人总不会被他人所拒绝，遇到任何困难，他们都会保持乐观的心态，不让沮丧或者颓废占据了上风。最终这些人总能达到他们自己认定的目标，成为众人中的杰出代表。

与之相比，你的教养和人格已经更胜一筹。你可以学习这类人的心态，这能够有助你更迅速、更切实地达成目标。你之所以可以乐观地面对人生，因为你既有资质，又具有奋发向上的能力。

2. 非到最后关头，绝不轻易放弃

在现实奋斗中，除了能力的大小是取得成功的重要因素外，还要有舍我其谁的信念、坚强向上的决心、不屈不挠的意志、临危不惧的心态，等等。虽然你不必刻意向不可能的任务挑战，但是遇到各样的困难和问题总是难免，需要你去迎战。如果你迎难而上，自然会有满意的结果。当然，如果自己不能完成，仍然会有其他的解决之道，比如向朋友求助。

纵观人类历史，有多少人为了增强自身的意志力，发挥自己的韧性，常精心筹划一些惊心动魄的事件，用来挑战自我的意志。譬如，多次和马萨兰主教交涉后，订下庇尔尼斯条约的唐·路易·亚伦首相，就是这样一个人。他凭着过人的冷静，及强韧的耐性，在谈判桌上运筹帷幄，为了帮助国家获得最大的利益，他能够坚持底线，绝不放松，最终达成了令人满意的条款。与他相比，马萨兰主教则是一副典型的英国式脾气，虽然阳刚，却气量狭小、固执。而唐·路易则具有西班牙人的沉着冷静与忍耐力。谈判桌上，马萨兰最关心的事，莫过于如何阻止巴黎的唐迪公再度引发叛乱。因此，他所考虑的只是草草缔结合约，迅速赶回巴黎坐镇，以免巴黎再遭不测。唐·路易对此了如指掌，便在谈判中，一再提起唐迪公的事，以扰乱对方的情绪。为此，马萨兰曾一度翻脸，拒绝继续谈判。最后，自始至终不改其冷静态度的唐·路易，终于成功地阻击了马萨兰及其法国王朝的意愿，为国家争得了最大的利益，顺利地签署了有利于己方的条约。

在一些非常重要的场合，一个人必须要有分辨可能与不可能的能力。如果碰到的问题让你感到困难重重，若能聚精会神、贯彻始终、持之以恒，必能有所突破。当然，事前的严谨态度和集中的注意力，也是取得成功不可或缺的因素。

第八章 职场人生

孩子，你的职业生涯是你人生中的主要阶段。在第一个学习阶段中，相信你已经积累了丰富的知识，掌握了娴熟的技能，你很快就要到实际的工作中施展一番。在我看来，你的学习生涯过得非常好，你已成为一个勇敢、热情、高雅，富有冒险精神的青年。这是最让我欣慰的，我相信你可以面对并解决任何困难。不过我也要提醒你，职业生活和你原来的学习生活完全不同，你仍然有太多的东西需要学习。比如从如何选择职业开始，你就要面对很多从未面对的内容。做好准备吧，我的孩子，我相信你能够迎接挑战，一往无前。

第63封信　面临职业的抉择

从此以后，你将依照自己的希望去闯荡人生，做你自己想做的事情了！希望你歇口气，想一想我说的这些话，然后再去做遨游天空的梦吧！

孩子，你的学生生活即将结束了，马上就要进入选择职业的过程。我知道你现在还有些迷惘，不知道该朝哪个方向前进。这是很正常的，很多年轻人都有这样的经历。有些人喜欢将之称作"年轻人的浮躁"，往往不予以理睬。我倒不这么认为，我觉得前辈们有责任教育和引导年轻人的发展。你现在如坠云里雾里，应该是我们的失职。

令人惭愧的是，我们现在的生活中，年长者并不能给年轻人提供多少关于就职的参考信息，只能让你们自己去求职路上探索。要知道，职业的种类十分芜杂，让你自己选择，恐怕还有一定的难度。比如工学这个大的领域里，就有十几种更具体的职业。即便是我们熟悉的医师、律师或者其他职业，具体的工作情况，你又能了解多少呢！想必你了解得不多，因为我们的亲友并没有从事这些行业的人。正因为如此，如果有人能够全面向你介绍这些就职信息，那当然是最好不过了。这就是获取最直接信息的有效方式。

我有一个经商的朋友，他曾经在学校开设关于职业信息介绍的课程，请来各行各业的指导教师，为学生们介绍不同行业的特点和内容。学生们可以从中选择两门职业进行深入了解，学校还安排他们到这些职业的工作现场去参观学习，比如想学医的去医院，想当老师的到学校，等等。

学生们通过实地观察、亲身体验，会对自己有兴趣的行业产生新的想法，有时候也会增进他们选择某一行业的热情。有了直观的感受和体验，这是这门课程给他们的最大收获。

当然，想要决定自己一生的职业，仅仅靠去某一个场所进行一周的体验，是远远不够的。但至少，这种体验式的活动比在课堂上仅用语言来描述要强得多。从现场得到的感受，也远远强于课堂上教师的讲授。

如果要你预测你的十年之后，你恐怕会认为那是多么遥远的事啊。不过想要对未来作出设想，你倒不妨自己先想想：十年后你会从事什么样的工作？是否高兴、满意呢？一旦考虑到这些长久性的问题，很快就能列出一串对自己具有魅力的职业清单。然后，你可以把自己最感兴趣的一些因素考虑进去，再结合考虑这些职业的具体状态。例如，会不会像海洋生物学者和考古学者一般，就业机会很少？有无地理上的限制？地质学者为了要找寻新的矿床，必须长期离开家庭，那样的条件和你理想中的家庭生活协调吗？如果你没有特别感兴趣的职业领域，我建议你选择工作机会不受地区限制的职业。那样，即使搬去别的地方，学到的技艺还要伴随着你。举例说吧，如果你学医，你会发现移民到外国是很困难的事。因为对医生的教育有很严格的规定，并且几乎所有的国家都不相同。

如果考虑得远一点，你也许会想到，为了使生育儿女与工作协调，男女双方都应该在选择职业之前深思熟虑才行。有些夫妻还用不生孩子来回避这个问题，这显然是一种逃避。我虽然不认为家里没有孩子就不会有幸福的生活，但是作为你的父亲，并能够伴随你成长，我享受到了很美满的生活。我认为孩子给父母所带来的喜悦，是任何东西都无法取代的。

如果你没有不想要孩子的想法，那你现在可以考虑孩子的教育问题了。大多数的心理学家说：一个人成长之后精神上的安定与否，是三岁以前就决定了的。因此三岁以前，有没有感到被爱，或有没有稳定感、满足感，会严重地影响到一个人一生的精神状况。我们周围有不少为了工作分居异地的夫妻。如果你能有选择，不妨让你的妻子选择可以中断几年工作、自己养育孩子的工作。等到孩子上学之后，再恢复工作。甚至在育儿的初期，也可以用某种折中的办法在家里继续从事职业。这些问题，可以由你们夫妻之间通过慎重考虑决定。

现在想想以后的事情，有点白日做梦的意味。这方面，我愿意帮助你，共同来完成你的梦想。可以先做几个方面的准备，全面审视后，可以到各种职场去亲身体验。我有些朋友，在你对职业的选择过程中，完全可以帮助你。我认为年长者没有什么比帮助年轻人更高兴的事情了。我们年轻的时候都犯过这样那样的错误，我们并不希望在你们身上重演。在我们的帮助下，相信你会对职业的选择建立起充分的自信，燃烧起生活的希望，使将来有一个正确的选择。

最后还想对你说句话：你虽然现在正在面对心情并不舒畅的抉择期，但是不要忘记，这也是一生中最快乐、最有梦想的时期。从此以后，你将能依照自己的希望去走自己的人生，做你自己想做的事情了！希望你静下心来，想一想我说的这些话，然后去遨游天空之梦吧！

第64封信　学会写出更好的商业信函

商业书信最好是行文工整，语句流畅，应注意到句中的每一个细节。其中不宜使用很多私信中常用的喜悦之词、隐喻、比喻、对比法、警句等，那样只会让人啼笑皆非，诧异非常。

亲爱的孩子，恭喜你即将迈出校园，走上新的工作岗位，这是你人生开始的第一步。我一直非常希望并坚信，有朝一日，你一定可以通过自己的不懈努力，成就一番大事业的。在我看来，只要肯努力，没有什么事情是不可能实现的。但是你要切记，对待任何事情都必须要集中精神、全神贯注。

就拿写信来说，我已经给你写了很多的信，在这一方面也很有些心得。在我看来，告诉你如何写信，能让你更容易了解一个社会人应具备的常识。希望我提出的忠告，对你能有一定的帮助。

我们就来说写商业信函应该注意的问题吧。一封好的商业信，重要的就是叙事清楚明白，不管是什么人来读，都能够明白信里所说的内容，不能让人看了几遍仍不知所云。所以我认为，对于商业信件来说，最重要的就是清楚明白。当然了，书写正确、格调优雅也是必要的。

商业书信最好是行文工整、语句流畅，注意到句中的每一个细节。其中不宜使用很多私信中常用的喜悦之词、隐喻、比喻、对比法、警句等，那样只会让人啼笑皆非、诧异非常。

商业信件多用于正式的商业往来场合，必须严肃庄重，就像正式的晚礼服，饰品过多，穿着过于烦琐，都不恰当。在商业书信中，不论文字还是文体，不需要修饰过多，要力求简洁、高雅，让人觉得有威严，就是最好的。

写完信后，不要迫不及待地发出，而要再从头审视一遍，反复研读每一个段落，并反复琢磨所要表达意思是否清楚、明了，会不会让人误解。

商业书信中，有些人名或者代名词，在使用时一定要谨慎。即便是信件很长，前后的段落中也能明确某一个代指指的是谁；如果不够明确，就可能产生不应有的混乱，甚或导致商业活动受到损失，这都是可能的情况。

商业书信中还有一点也很重要，即语气要恭谨礼貌。特别是驻海外的官员写信回国，通常的收信人都是他的上司、支持者和被支持者等重要人物，那么就更应该注意信中的礼节问题。

小的细节也不要放弃，比如信纸的折法、信封的封法、署名等。这些都能体现出一个人的人格，都可能会给人留下良好或恶劣的印象。

书写商业书信，长度要适中，不宜太长也不宜太短，把想表达的意思表述清楚即可。有时候过度修饰，难免会产生很多误读，只能遭人嘲笑，是没有必要的。

还有你的字，每次都十分潦草凌乱，这是我一直难以理解的地方。我认为一个受过教育的人写字，是应该能够写出美观整齐的字的，希望你以后在写字时要注意。

最后一个忠告，不要做那种"舍本逐末"之人。写信的要求和技巧，我不能像范文那样一字一句告诉你。但是你既然已经进入这个领域，就应该尽快掌握一些必备的技能，并且熟练地把握原则与技巧。以上各点，希望你能通过实践准确地把握住。

我认为你现在应该养成认真写字的习惯，把字写得漂亮一些。这样在你写一封重要信时，就可以集中注意力在构思内容上，不用总考虑美观的问题。前边我也提过，像你这样的年轻人有时候会因为一件小的事情吸引注意力，那样大事的操纵能力必然欠缺，也会常受到嘲笑，被讥笑为"舍本逐末"之人。

当你正处在只需要处理一些小事情的时候，如养成即使再小的事情也要处理得很完美的习惯，那么，将来等到你不再为小事而烦心的时候，就会被委以重任了。

第 65 封信 工作中与人交涉的诀窍

如果你能融会贯通地了解与人交往时态度温和、意志坚定的深刻含意，那么，你所有的人际交往将无往不利，至少你不会完全让对方牵着鼻子走。

有时候在工作上需要与别人进行交涉，这时候你应该表现出意志的坚强，不到非妥协不可的地步，是一步也不能退让的，不要轻易接受那些折中方案。即便是真的非妥协不可，也不要一溃千里，必须一步一步地来。在妥协的时候，别忘了应以稳健的态度，抓住对方的心思。如果能抓住对方的心思，或许就能获得理解，而使对方动心。

这样做，我希望你能达到这样的效果：虽然彼此间存在很多问题，但是对方对你的敬意仍然没有改变，而且通过事情的处理，看见你如此尽力，不论在能力上，或是在热情上，你都非常令人敬佩。如果这样交往多了，对方就会产生这样的想法：如果能够多了解你的工作方法，或者多与你个人接近，那该是一件多么令人高兴的事啊。

如果你能够这样融会贯通地了解态度温和、意志坚定的深刻含意，所有的交涉就都将无往不利，至少你不会完全让对方牵着鼻子走。

我反复强调你的态度问题，希望你保持温和的正常状态。不过这并不是我对你的态度的唯一要求，而且温和也的确不是你所应该秉持的态度的唯一内容。你还应该有坚定的原则，对自己想表达的内容应勇敢地说清楚，对认为不对的地方也要大胆地坚持自己的意见。我希望你注重自己说话的态度、词句、声调等，在需要的时候应尽量保持温和。但是也不用一直刻意，一切都应自然而然。

如果你的意见与对方不一致，也没必要马上就反目成仇，最好能仍然保持和颜悦色的态度，用稳重的语调表达自己的意见。比如，可以说："如果你问我的想法如何，我一定会这么回答吧！虽然我并没有如此充分的把握……"或者说："虽然我并没有了解得十分透彻，但是事情大致情况就是这样的……"这是比较好的说法。不要认为这是软弱的表现，这仍然带有极强的说服力，而且也容易让对方接受。

彼此之间的讨论，不管是什么样的结局，最好在愉悦的状态下结束。你应该让对方明白，你不愿意伤害对方的人格，也能保持自我的独立性。如果有不一致的意见，可以通过双方的协调与沟通来解决。

与人交往，我认为最困难的是态度，这和个人内涵是息息相关的。心怀好意却让人当作敌人，怀着恶意反而使人当作朋友，有时这也是可能的，但更多的时候，也正是态度的基调所决定的。因为态度自赏不自赏会原原本本地传达给对方。

表情、说话的方法、言辞的选择、声调等，如果都能温和地表现出"柔和的态度"，再加上威严地展现"意志的强度"，一定可以牢牢地抓住一个人的心。

第66封信　行事专一而体面

人有许多重要的心理要素，其中之一就是追求体面。包括怎么做才体面，在什么场合应该讲究体面。

上次我们在一起的时候，你问我为什么近来来信甚少。我当时虽没有明确回答，但是心里很是欣慰。这说明我写信并没有使你烦而且还得到你的欢迎，我以后会勤于此事，争取和你保持更多的联系与沟通。我给你的信，有我人生的经验，也是对你的一次次忠告，只要你能领悟它们，它们对你就会有用。不然的话，毫无目的地写这些信，对我们双方都是一种负担。

　　阅读的时候要专心，如果表面上一目十行地看，心却飞向别处，以致读后仍然头脑空空，没有留下任何记忆，那么即使读了也是徒劳。换言之，当一个人做某件事情时漫不经心，要么大脑一片空白，要么心不在焉，那这件事成功的可能性就可想而知了。我一直鼓励你勤于思考，就是希望你在做任何事情的时候，都要让自己的头脑处于专心的状态。一个人想要成功，就应该无论做什么事情，都必须一心一意。当你在学习的时候，心里就不该再去想游玩之类的事；而当你在游玩的时候，也不应该老是挂念着学习上的事。此外，你在读书时，如果不在意，其结果只会加重你的学习负担。因为这样的话，你以后还得花时间重读它们。

　　人生有许多重要的因素，我所重视的体面就是其中之一，包括怎么做才体面、在什么场合应该讲究体面。很多情况下，我们的体面可以保持在某一时刻、某一场合，但在另一时刻、另一场合也许就变成极为不体面了。比如，我赞成你每天拿出一定的时间来游玩和放松。但是如果你在某一个学习的时刻或者正式的场合仍然这样做，哪怕是只想着这样做，就很不恰当、很不体面了。再如，舞跳得好本是件很体面的事，但你只能在舞场和其他娱乐场所跳，如果在教堂或葬礼上也跳，那么别人就会当你是不正常。我希望你能明白"体面"一词的真正含义。"体面"一词，在法语、拉丁文以及希腊语中都有不同的说法，但解释都大同小异，都将其看作是人类社交场合中一个十分重要的礼节。也就是说，世界上不论什么地方，人们都将体面看作是获取他人认可的必需的礼仪，体面之重要性由此可见一斑！

　　我相信你渴望得到麦得利先生的认可。我也有同样希望，他对你的认可是我想要看到的。事实上，没有他的认可，也不可能获得我的认可。我敢说，在你与麦得利先生相处的时候，你很在意并注重他给你的教诲，并按他的教诲认真和体面地去做。

第67封信 男人的人生价值

人生的价值在于使命。我们的责任就是从前人手中接过火炬，再将它传给我的后人，而人生的价值就在这完整过程中得以实现。

我记得你曾问过我：什么是人生的价值？我也记得我的回答是：人生的价值就在于幸福。当时你满脸茫然，肯定不能理解这句话的含义。说实话，当时我也并没有认真对待你的提问。现在你长大了，到了可以和你一起讨论这个问题的年龄了。这个问题，可以说一直是人类的追问。我敢说没有人能给出标准的答案，我们唯一知道的就是这个问题过于严肃和深奥。既然没有明确的答案，那就需要我们自己去思索，去探求，看看人活着、奋斗、死亡，这样的一个过程它的存在意义何在。感谢上帝吧，是他赋予了我们人类高贵的心灵和可以思考的大脑。

我说过，人生的价值在于幸福，那这个答案到底准确与否，我给不了你理论上的阐释，不过我倒是可以结合我人生几十年的阅历，和你谈谈人生价值所在。当然，我希望这种探讨之后，你会形成自己的主张和信仰，并在今后的日子里去实践它，即便要为这种主张、信仰付出生命。最可悲的人不是那些对人生价值求而不得的人，而是那些从来没有思考过这一问题的人。

在我看来，人生下来并活下去，好像一段旅程，从这头走到那头。这个过程中，人行走的意义在于完成一种使命。这个旅程有时候被人比喻作手持火炬竞走，我认为有些道理。我们每个人参与其中的一程，然后再将火炬传递给下一个人，而我们人生的价值就在从接过火炬到传给下一个人的过程中得到实现。在这个过程中，会有很多风雨试图扑灭火炬，如果我们想始终保持火炬的光亮，或者让它燃烧得更加灿烂，那我们就算是完成了自己的使命。换言之，也就是实现了自己的价值。如果你从来不问人生的价值和意义所在，就像没有方向的航船，在黑暗的大海上随波逐流，不知什么时候就会触礁沉没，那样的人生真是了无趣味。我前边说过，感谢上帝让我们和动物不同，就是因为人有自觉的使命，而动物只有求生的本能。一个人之所以道德败坏，就是因为他没有正确的使命感；一个人之所以伟大，就是因为他有着伟大的使命。

每一段人生，每个人都会采用不同的生活方式，我们无权去评判哪一种更好。最重要的是每个人都能从自己的生活方式中得到幸福，能够充分享受自己的人生，这就够了。这种享受，包括物质享受和精神享受。肉体上的享受即为物质享受，金钱、美食、性爱等都属于物质享受。心灵上的享受即为精神享受，学问、艺术、道德、追求真理等都属于精神享受。人类最高尚的享受就是心灵上的享受。在此，我并不否定肉体上的享受，我并不是禁欲主义的清教徒之类的人。但人只有注重精神上的享受，追求精神上的崇高和灵魂的升华，拥有一种信仰并为这种信仰工作终生直至最后献出生命，才能真正完成并实现做人的使命和人生的价值。

人生是一个过程，而不是一个目的。很多人在自己的生活中盲目地设定一个目标，然后就是为了实现这个目标而活着，并且自认为这就是他们的人生价值所在。为了实现这个目标，他们还往往不择手段，结果根本无法在自己的人生中得到任何享受。

有人认为学生阶段刻苦学习，仅仅是为了自己以后在事业上奠定基础，你也许是这样想的吧。在我看来，学习的过程也是一个充满乐趣的过程，完全可以在其中得到精神上的满足与享受。童年和青少年时期也是一个人一生中最宝贵的阶段，忽视了这一阶段的人格成长，这个人的一生就不会完整。比如一个艺术家，他不仅仅追求的是完成艺术作品的结果，更是在投入热情、精力来完成这些艺术作品的过程。这些艺术家都是在过程中体会到乐趣，得到精神上的享受。同样，人也只有在完成使命的过程中才能真正实现自我的生命价值。

第68封信　开创一番属于自己的事业

我知道你现在最想做的事情就是积蓄一大笔钱，然后成为操纵自己人生大船的船长。你必须要明确地判断，你最适合指挥什么样的船。选择的范围有数百种，我劝你尽量选择自己有经验的领域。

几周来，你一直在问我开创自己事业的问题，希望我能给你提供明确的意见。到目前为止，我只是模糊地回答你，始终没有明确的说明。也许你认为我对这个问题不感兴趣，或者不知道怎么回答。事实并非如此，我只是想按照以往的惯例，在对你的状态有个全面的思考后，再来和你谈，并且，将思考的结果和感触写在信上。我想，你也非常喜欢这个方式吧。

看得出来，你对创造"自己的事业"充满热情。我也衷心期盼着这一天的到来，并坚定地相信这是迟早的事情。我是了解你的，因为你已经具备了开创自己的事业所必需的特质。但是，我要提醒你的是，有这样的能力和实际上是否成功，可能事实上完全是两回事。

很多人之所以想拥有自己的事业，一般出于以下理由：第一是赚钱，可以品尝伴随金钱而来的各种喜悦；第二可以自行做主，不想接受别人的任何支配；第三在主持事业时感到非常具有挑战性。作为你来说，这三个原因都具有一定的吸引作用吧。关于你的志向，我不想谈太多，在此我要告诫你的是，如果你也具有计划力、决断力，且思虑周密的话，幸运一定会降临在你的身上。这句话说起来容易，但是并不是每一个人都能获得好的运气，即便是好运最终降临了，也要经过无数次的挫折和失败。所以，在回答你这个问题之前，我还有几个方面要提醒你：

在很多人看来，如果你拥有了雄厚的财富，就可算作一个成功者，或者说能够为世人所崇拜、尊敬。这有一定的道理，但并非全部。有很多人工作的目的并非是为财富，而是想成为行业中的领先人才，他们的工作在某种程度上可称之为伟大。这些人的成就，无法用金钱来衡量，所以他们有没有巨额财富，都是值得尊敬的人。

有句古老格言，"幸福是无法用金钱买到的"，你一定听说过。我在你这个年龄，如果听到这句话，说不定还会嘲笑对方："是么，这个世界上还有用钱买不来的东西么？有谁会看着钱不要呢？"现在我才明白这句话的真正含义。有时候钱真的不是万能的，它买不到尊严、无条件的爱情、天赐的健康——现在我深深知道这些才是真正的幸福。

我知道你希望自己成为领导者，这和你强大的独立意志是一致的。可能在别人的指导下工作，你会减弱工作热情。而当你自己可以独立做主的时候，你会有极大的工作效率涌现。从这件事情来看，你如果创造自己的事业，成为自己的支配者，这当然可能会使你更顺心一些。

我知道你现在最想做的事情就是积蓄一大笔钱，然后成为操纵自己人生大船的船长。你必须要明确地判断，你最适合指挥什么样的船。选择的范围有数百种，我劝你尽量选择自己有经验的领域。现在的很多领域，都存在着有多年经验的前辈高人，新人很难参与到其中，更别说要和他们来竞争了。即便是最终能出头，也是从身经百战中走出来的，尤其是从各种各样的失败中闯出来的。

在从未耕耘的处女地上白手起家，是需要勇气和魄力的，也是令人尊敬的。即便是失败了，也没有什么遗憾。况且我们都知道成功者总是必须借助数百个失败者的经验，所以即使失败了，仍然很有价值。但是，在尝试过程中，你必须要有承受艰苦磨炼的思想准备。正如约翰·期滋说："没有比强大的事业上的失败更残酷的地狱了。"因此，你在下决心之前，除了要评估你自己要从事的事业的经验之外，更应该慎重地检视什么样的事业才是你最应该投入的。

上述内容，我并没有特别向你强调为了朝目标迈进所必要的自信和勇气，反倒是强调了开创自己事业时可能会遭遇到的障碍。我当然不是在给你打退堂鼓，而是想把在开创事业时所遇到的困难提前向你一一摆出，这才是我真正的目的。如果你祖母还活着的话，她一定会告诉你：不入虎穴，焉得虎子的道理。对此，我有同感，但除此之外，我还有一个附加条件，在你做任何事情之前，对于可能遇到的问题，尤其是财务方面的问题，一定要做好应对和预防工作。虽然有人说置之死地而后生，我也认为这是方法之一，但是我绝对不会选择这个方法，我更倾向于保留实力，以备东山再起。

要想开创自己的事业，勤勉是必不可少的。大家都羡慕医生，只看到他们收入高，工作好，却没有人去想想他们每天有多大的工作量。如果你将来有了自己的事业，你就得和医生一样，看似舒适，实则劳累。你不能再指望每周的休息日，不能再指望每年的度假。你会在相当长一段时间里，始终要保持奋斗的状态，也许等到胜利女神在你家里驻足的时候，你才可能有机会稍微放松一下。这种放松还不能彻底和完全，还要始终保持警惕，保持对一切波动的敏感。或许你到时候会自问，为什么我会一头栽进这个仿佛赛马般竞争的世界呢？——的确如此，这就是一个这样的世界。如同每天都举行赛马一样，你即使不能跑过其他的马，至少也得保持足以和其他马并驾齐驱的速度，一直不断地往前跑。

换句话说，你必须一直勤勉工作。关于这一点，是不容怀疑的。不过，我还是希望你能在金钱储蓄和追求幸福之间求得协调。我们大家都清楚，这两个绝对不是等同的。有了积蓄后，随意花用，这确实是件很令人陶醉的事情。但是，不论你拥有多少财产，如果无暇顾及自己的健康、家庭，以及朋友的话，这样的幸福也会很短暂。

乔治·巴纳德·修曾说过：人们常说造成今天的结果都是境遇所致，但我并不认为这和境遇有关。世上所蕴藏的成功的境遇都需要你认真去找寻。如果找不到的话，就自己来创造吧！

这个世界上，很多人追求平淡踏实的工作和生活，只想过着平静的日子，安静地走完自己的人生。但是我的儿子，我知道，你和他们不同，你希望追求挑战、冒险、刺激，而且，你有十足的勇气，敢站起来面对它们。你绝不是动不动就说"如果失败了该怎么办"那一类的人。所以，从这个方面来说，开创自己的事业，非常适合你的个性和理想。

第九章 情感生活

孩子，你已经有了自己的家庭，并已为人父，我想这是你全新生活的开始。这个时期，你不能像在学校或者部门那样，用简洁明快的方式处理问题。这个时期，你要面对情意相投的爱人，要面对可爱纯洁的孩子，她们都是你生命的一部分。你要承担起作丈夫和父亲的责任，去呵护她们，保护她们。你要树立牢固的家庭意识，知道家庭在自己人生中占据着重要地位，用自己的努力过上幸福的生活。

第69封信 对爱情的思考

爱情是人类最崇高、最真挚的情感。它是如此的具有魔力，不但可遍布世界，而且还像天使的灵药一样，可以医治人心里深重的创伤。只要有爱情，人们就会变得温暖、宽容、可爱。如果一个人一生中缺了爱情，那简直就不是一个完整的人生。

恭喜你，亲爱的孩子，你已经开始恋爱了。这是人生最美好的时刻。当然，你仍在有意地向我们隐瞒，不过作为过来人，我清楚地看到你显然已坠入情网。比如，你已经开始用心装扮自己，追求完美的外在表现。虽然你自己可能意识不到，但是你的热情却在自己心中燃烧。我和你的母亲看在眼里，真心为你高兴。其实你没必要向我们隐瞒，这是每个人都要经历的历程，也是一生中最美好的历程。

爱情是人类情感里最崇高、最真挚的。它如此具有魔力，不但可以弥漫整个世界，而且还像天使的灵药一样，可以医治人心里最重的创伤。只要有了爱情，人们就会变得温暖、宽容、可爱。如果一个人的一生中缺了爱情，那简直不是一个完整的人生。

不过在你如此甜蜜的时候，我又要提醒你，沉醉在爱情的海洋里固然是人生的乐事，不过这个时候也要思索爱情的真谛到底是什么。

有一个故事，说一个英俊少年，梦想找到一个完美无缺的伴侣，可是整整三十年的寻觅，最后他还是孑然一身。这个时候他已经过完了自己的青年和中年，快成为一个老年人。

有人问他："这么多年来，难道你就没有找到一个自己满意的人么？"

他回答："有的，我曾经找到一个完美的人。"

别人问："那你为什么没有和她结合呢？"

"因为我不是她要找的那个完美无缺的男人。"他悲痛地说道。

这个人代表了每一个人的向往。大家都希望自己能得到这世上最美好的爱情，都希望自己的恋人是世界上最完美的。然而我们都知道，这个世界上根本没有完美无缺的人，这种寻找是根本无果的。爱情应该充满了热情、希望、想象，但同时也应该是理智、慎重、严肃的。只有这样的爱情才会带来真正的幸福，才会产生真正的欢乐。

以我看，真正的爱情应该是理智和坚毅的结合体。理智的爱情应当受到珍视，并持之以恒、忠贞不渝、说一不二，此外，还要发挥个人内在的精神力量，以防止盲目与悔恨。

爱情也是需要浇灌和滋润的，这需要相爱的双方共同付出，共同呵护。要知道，在一场真正的爱情里，往往情感付出得越多，收回来的也就越多。最理想的爱情是双方都深爱着对方，能珍视对方的思想和感情。真正的爱情，不仅仅是相爱，还可以相互洞察对方的内心世界。

看看从古到今发生了多少爱情故事吧。不过有一点是肯定的，要想爱情能够长久，那么只有相互间多想想对方，少想想自己。真正的爱情是永远都充满生命力的。有人认为婚姻是爱情的坟墓，那往往在于他们忽略了自己的情感，对彼此的付出盲目又漠不关心，没有用自己的心去关怀与体会对方的情感需要。而爱情是不论什么时间、什么地点都需要浇灌滋养的。

孩子，你要记住：相爱的人是幸福的，能够找到你所爱的人是幸运的。你要永远珍惜自己的那份爱情和那个爱人，要对爱负责。

第70封信　如何为人父母

孩子，你已形成了卓越的人格，具备了正直、公平、勤劳的品质，以及拥有幽默感等很多美好的特质，并伴随你走过了人生的旅途。我这样说，如果你认为这是我对你的偏爱，那么，我也希望你热诚地去教导、培育你自己的子女。

孩子，我昨天到你的家里去看你刚出生的孩子时，我的内心无比喜悦。当时的情景和心情，让我想到了你刚刚出生的时候。你是我的第一个孩子，我看到你来到这人世上，干净、健康、可爱，巨大的幸福感充满了我的全身。想必昨天的那个时刻，你也如此吧。因为你的眼神流露出的幸福和我当时是完全一样的啊。

听说在你的孩子出生后的几个月里，你一直手忙脚乱，焦头烂额，几乎处在崩溃的状态，这和我当初也如出一辙。这个可爱的小家伙好像一缕新生的阳光，照入了你的生活。尤其是她的作息和你几乎完全不一样，比如你在平素睡觉的时候格外精神。还有，她会用她唯一的语言——哇哇大哭——来对你说话。不管是饿了，还是需要换尿片，这些都需要你应对自如。

这是一个很特殊的时期。据说在这个时期，上帝会赋予为人父母者最大的忍耐力。不过这些都是有回报的。等到将来的某一天，你会蓦然发现，你可爱的女儿，已经在你们夫妇共同的关爱下，成长为一位优秀的、有魅力的大女孩儿了。

现在你的孩子沐浴在你和妻子深挚的爱中。我认为她是有意识的，能够感受到被疼爱。心理学证明，子女在初期受双亲关爱的影响占较大比例。这个时期，婴儿处于完全的无能为力状态，无论由谁照料，往往只是单纯地寻求安全感。因此，在这个"无知"的时期，你应该时常抱紧她、深深地爱她，满足她对爱的渴望，给她温暖，给她安全感等。

婴儿时期，孩子的性格、人生观、价值观、幸福感都还没有形成，他们需要的仅仅是你细心的照顾。亲子之情的交流，这个时期最为紧密，也最为重要。

我的经验是，要想把孩子培养成良好的社会成员，就要在孩子出生后的六年内抓住时机。当然，这六年，你会朝夕相处地照顾她，和她产生难以替代的感情、这种感情是贯穿你一生的珍贵情感。也许在你的人生旅程中，六年只不过是短短的岁月，但对于你的孩子来说，这段时期是开始认识世界的最初时期，也是具有很大危险的不安定期，委托他人照顾是非常危险的。

我们都见过，成人中有很多情绪不稳定的人，很多的起因就是小时候没有充分得到双亲的爱，或者长期处在恶劣的环境里。还有一种极端的情况是在成长过程中遭到虐待，身体和心灵都在极不正常的状态下成长。这些人都是在儿童期没有得到关爱的牺牲品。

在我们漫长的人生岁月中，所有人都会因为有了子女而过上一段"痛苦煎熬"的日子。不过现在你们顾不上考虑这些，仍然沉浸在一片欢乐里。其实，还有更多值得欣喜的事情在等待着你们呢！

孩子的第一次笑容，长第一颗牙齿，迈出第一步，第一次自己系鞋带，第一次叫爸爸妈妈，很多很多的第一次，都会成为你们人生中值得永远珍藏的珍贵记忆。这大概就是成长的快乐的不可思议之处，每一个片段都可以细细地品味和回忆。

既然你们已为人父母，那么你们就应该从现在开始磨炼家教技巧等至关重要的事情了。你应努力培养孩子健全的价值观、世界观、道德和自制力等，时时用正确合理的方式教育子女。我还要提醒你一点，家教应愈早愈好。很多双亲犯下错误，让孩子走上了不正确的道路，就是因为家教太迟，以致产生无法挽回的后果，双亲和子女都要为这种疏忽付出惨痛的代价。

18世纪初期，英国诗人阿雷古山大·波普就曾说过："小枝可以弯曲，而大树则会倾斜。"对这句话，我非常赞同。在子女成长期间，你们在子女眼中就是"伟大的父母"，站在令人敬畏的高处，这让你感到责任重大。

孩子慢慢长大，他们开始模仿你们的言行举止，开始偷偷观察你们的为人处世。这作为他们将来要采用的模式，会固定在他们的脑海里。所以，这个时候的你，一定要意识到自己的行为对子女的影响和作用。要知道此时他们的心正如一块海绵，全盘吸收周围的东西。说谎的父母，子女也跟着说谎；骗人的父母，子女也学着骗人；憎恨别人的父母，子女也会形成憎恶的情感。这一时期，父母亲会对成长期的子女有一种潜移默化的巨大影响。

孩子，就你而言，已经树立了卓越的人格，具备了正直、公平、勤劳的品质，以及拥有幽默感等很多美好的特质，并伴随自己走过了人生的旅途，经过了人生风雨的考验。我相信在这个过程中，我是发挥了一定的作用，所以我希望你能像我对你那样去教导、培育你的子女。

在这个世界上，没有人能比你更有责任去教导和培育你的孩子了。他们从一来到这世界上，就已经和你确立了不可分割的关系，你不可能把教育他们的责任推给别人，也没有人能真正代替你，这是你的天赋使命。不管在什么时候，只有双亲可以给予孩子们适时的协助，只有双亲的关爱可以使他们避开困难。

做任何事情之前，你应该向孩子说明问题的重要性，以及可能由此产生的后果。要注意保持你在子女心目中的形象，维护你的尊严。在生活中，要鼓励他们做出让你欢欣的举动，避免做出让你深感失望的举动，以引导他们的行动。

你要关心孩子的所作所为。在他们的成长过程中，你要尽可能地站在他们身边。对他们的学习、课外活动和旅行，还有孩子经常对你说的话，都要记在心上。为孩子多付出一点儿，对孩子和自己都更有好处。要尊重孩子的自尊心，保护他们认识世界的愿望。积极和孩子探讨有关自尊心与责任感的问题，通过交流促进亲子感情，指导孩子健康成长。

孩子做错事时，父母通常的反应是生气、发脾气，他们觉得孩子为什么这么不理解自己，最后才开始想办法解决问题，其实这种反应并不是一个合格父母应具备的。在众多美德中，人们最难以养成的就是宽容。父母对孩子尤其要具备这一美德。

如果父母经常由于子女的过错发脾气，这会造成不好的局面。好的做法应该是克制住自己的感情，尽量冷静地处理问题。最好能引导子女自己认识错误，在考虑他们自尊的前提下，也不要过多指责他们。更多的是让他们自我反省，否则只能将事情办得越来越糟。此后，父母应该帮助孩子想办法不要重犯同样的错误。

为了达到预期的目标，有时也可以"收买"孩子。在你们小的时候，我就经常对你和你弟弟使用过这种方法。对孩子们做好的事情，给予一定的奖励，是一种激励措施。不过这个策略，运用时一定要谨慎，只能将它当作是游戏或挑战，绝对不可以当成一种一成不变的方法和手段。

有时候肯定有棘手的问题，你还可以请教专家。不过唯一的原则就是孩子犯了多大的过错，终归是你的孩子，还是要好好教育他，并做他的坚强后盾。不要对孩子不耐烦，如果孩子将房间弄得杂乱无比，或者将带泥的鞋子弄脏了厨房的地板，也不要发太大的火，更不要对孩子大声吼叫或张口唾骂。因为回想一下你小时候，情形又会比他好多少呢？

以上列举的淘气事件，我在所有的孩子身上都见过。最重要的就是，孩子不管做了什么，不要对孩子发脾气，即便这很难做到！要始终坚持用沉稳的态度对待孩子，不要用大声吼叫堵住孩子的耳朵。孩子带给你的烦恼只是一点点，而为人父母者拥有更多的还是欢乐。你和你弟弟的许多童年趣事，都是我和你母亲美好的回忆。

第71封信　保持生活平衡

　　婚姻生活最重要的就是分工合作，但是，不论妻子或丈夫如何深爱对方，都不可能永远分担着不公平的责任而无任何怨言。

　　近来我多次去你家中，都没有见到你。听你妻子说，你很多时候都在加班，即便是周末也难以回家。从她的语气听来，对你的行为并不十分满意。这令我觉得很不安，她并没有什么错误的地方。你们都一样，对家庭和家族的责任是平等的。但是，她一直担负着比你还要沉重的责任，这个是谁都能看得出来的。

　　上次我们一起吃饭的时候，你一改往日文雅、得体的仪态，对侍者粗野、蛮横，这也让我颇为意外。这虽然都是生活上的小节，但在我看来这却不是小事儿。你也许可以说这是因为脑子里都是工作，可是工作绝对不应该成为放弃生活中责任的理由。所以从这个角度来说，这实在是一个严重的问题。

　　很早以前，我就已经说过，希望你能把我当成你的密友，进行顺畅的交流，我觉得我的作用有时候是提醒你有危险的信号。所以在这里我就要发挥职责，劝你不妨冷静下来，好好地思索下自己的状态，看看是不是你越来越将较多的时间放在工作上了。我们都知道，你现在所做的工作分量本来就不少，尤其是你的工作，既繁杂又沉重。我在平日的确经常劝你，人应该要勤奋工作，但是，同时我也经常对你说"保持生活平衡"也很重要。现在看来，你过多地把精力放在了工作上，所以生活就失去了平衡。你现在的状态就是终日将自己埋首在工作中，其他的都一无所知，家人的关怀，尤其是你妻子的协助以及爱情，你全都无法享受到了。你所拥有的成功、知识以及经验，你都不该犯现在这样的错误。或许你是聪明反被聪明误。

从前我认识一位年轻的警察，当他晋升为刑事组长的时候，大家都为他感到兴奋。不过，很快他本人和他的妻子就发现了，他的升职给家庭带来的却是无尽的痛苦。他工作太忙，几乎没时间回家。这种经常性的不归，几乎使他们的生活步骤因此而混乱了。但是，面对这种情况，他仍然没有觉醒，而是坚决地决定献身于工作。于是他更加频繁地连续工作在岗位上，不论和家人一起在做什么，只要通知一来，他必须立刻赶往出事现场。

开始的时候，孩子们对他的回家充满了渴望。虽然孩子们无法理解父亲为什么总不在家，但是他们却一次又一次失望。很多时候他们都只和妈妈在一起。他们盼望父亲的陪伴却又得不到满足，于是从开始的"爸爸什么时候会回来"变成了"爸爸不再和我们住在一起了"。最终的结果是，孩子们对父亲身居何处，也完全不闻不问了。妻子意识到了这样的问题，不希望因此引发父亲和孩子们之间关系的疏离，于是向丈夫提议，希望他能转任工作时间比较固定的职位，但是却不被丈夫接受。可怜的丈夫固执地认为，现在的努力工作是为了让家人生活得更宽裕，他必须坚持不懈；至于和孩子们在一起，可以让妻子暂代父职，他认为这样就万事大吉了。

但是，他的妻子和孩子并不理解他。而且，对成长期的孩子来说，与其给他们不正常的家庭环境，倒不如要一个经济较差、但能够给予家人亲密生活的家庭。于是，妻子曾经一度要带孩子离家出走。这个事情告诉我们，不论哪一种行业，工作都是非常忙碌的，但是因为工作而抛弃家庭的人，到头来往往是两头落空。

出现了这样的问题，尤其是在问题解决之前，家人必须忍耐着长时间的混乱与危机，这是一件非常痛苦的事情。今天，在你的身上，也发生了这样的问题。不过我认为，对于你们夫妻来说，因为双方都拥有充分的知识和经验，也更知道应该如何来处理问题。对此，我倒并不担心。我希望你通过这样的事情，也能得出新的好的结论。要知道人是活到老学到老，人生的智慧是一辈子也学不完的。你应该将它视为人生最重要的过程，当然了，这需要你去仔细想一想，而且付出真心去想去解决它。

你现在正值壮年，还有很多人生的道路要走。出现各种各样的问题，倒并不奇怪，关键是如何正确应对和解决。我以前也有过这样的经历，也看过别人曾经发生类似的事情，所以面对这个问题，我还是想要给你一些意见。你的妻子长久以来都尽量让她自己的工作时间与家庭生活相互配合，你在忙碌的这段时间，有百分之八十的时间是由她在照顾孩子和管理家务；在这个过程中，不论危急的状况，还是其他情况，她都从不因为担当双重责任而感到厌倦。像她这样愿意无条件、而且很高兴代替对方的工作，实在可以称得上是一位体贴的好伴侣！婚姻生活最重要的就是分工合作，但是，不论妻子或丈夫任何一人如何深爱对方，也都不可能永远分担着不公平的责任而无任何怨言。如果换成今天是妻子成天为工作忙碌，无暇分心来照顾家庭，做丈夫的你心里又会怎么想呢？

你的生活中除了工作，还应包括了妻子、孩子。你现在的做法，只选择了前者，让它占据了你全部的时间，这究竟是什么原因呢？虽然你的妻子是一位好伴侣，她也愿意百分之百地为你付出，但是，我相信她在付出的同时，也一定非常希望能够有一点点回报。而你现在的做法，则是习惯了每天工作到深夜，连星期六都在工作。这是因为你对工作特别认真，自动增加了工作时间。但是，这么一来，你就错过了许多与家人团聚，以及和朋友相聚的机会，而且，错过的机会永远也无法弥补回来。这样重大的牺牲，你或许会认为可以从工作报酬中获得补偿。但是，报酬所能给予你的满足感是短暂的。就像我们说过的金钱买不来幸福一样，与家人在一起是最大的幸福。这种幸福感是任何工作报酬都无法弥补的，当你错过了，你唯一的收获就是追悔莫及与懊恼。

要想解决问题，我觉得你可以召开一次家庭会议，和妻子、孩子一起商量一下你们家关于平衡生活与工作关系的问题。我希望你能像以前那样，能有时间多哄孩子入睡、去学校接他们，带他们去看牙齿，或上钢琴课。而且能和以前一样，每个周末都能和妻子一起外出，共度一个轻松愉快的夜晚；和朋友、家人交往的机会也日渐频繁。

你或许会说，要将工作时间减少到这个地步是非常困难的事情。但是，当你有值得这样做的事情时，我认为你可以努力去追寻。

第十章　迈向成功

　　孩子，我希望你是一个成功的人，尽管我知道在通往成功的道路上有很长一段路要走。你要知道，想要获得成功，就得有坚定的信念，要能够全面审视自己，时刻反省自己。你要明白自己想要的是什么，要知道衡量成功的标准并非只有金钱。我相信你能突破这样一个世俗的观念，取得更大的成就。我列出了很多成功的条件，但是我知道要想一一实施，并非易事，不过我想你应该有足够的信心坚持完成。

第72封信　时刻反省自己

　　孩子，时时刻刻都不要忘记反省自己，只有这样，你才能打开人生的智慧之门，进入人生的更高境界。

　　人无完人，人身上总存在着这样那样的缺点和错误，这是我们早就明了的道理。一个物体，表面再光鲜，也会有丑陋的一面。就连牛顿都勇敢地承认他自己的错误占其人生的20%，我们普通人身上的错误就更不用说了。

　　因为我们都有错误和缺点，所以每天都要深入反思。古人说："吾日三省吾身。"经常地审视自己，检讨自己，才能真正了解自己。很多伟大的人物，都是通过这样的自省，来战胜自己内心的敌人，荡涤自己内心的污垢，让自己的精神纯洁起来、思想精粹起来，达到更高的境界。

事实上，真正能够做到时常检讨自我的人并不多。很多人都以自我为中心，不承认自己身上的缺点和毛病，有时候为了不让别人看到，还想方设法遮掩。在我看来，如果世界上每个人都能站到别人的角度来看问题，不断地反省自己的过失，世界就一定会纯净、美丽许多。

只有能时常自我反省、自我检视的人，才能够非常了解自己。他们会经常扪心自问：我能做什么？我的缺点是什么？我为什么做错了？我为什么没有成功？这些问题就是他们发展的障碍，解决了这些问题，就很容易发挥自己的优点，抑制自己的缺点，为以后的成功打下基础。

需要提醒你的是，反省并不等同于闷头冥想，如果能在和他人的比较中进行，那就会有更好的效果。不比较就无法了解差距，找不到差距就不可能认清自我，并发挥自我的潜在力量。比较是为了发现自己的不足，切记不能流于模仿别人的桎梏中，不能因为别人强于自己就丧失自我。

新出生的婴儿，看待世界的万事万物都觉得新鲜、好奇，认为这些都是珍贵的宝贝。随着他们逐渐长大，他们的眼睛和心灵都蒙上了世俗的尘土，开始看不清很多事情。如果我们每天都有时间自我反省，就好像给心灵和眼睛进行了大扫除，可以荡涤尘埃，减轻痛苦。

孩子，时时刻刻都不要忘记反省自己，只有这样，你才能打开人生的智慧之门，进入到人生的更高境界。

第73封信　做个态度温和而意志坚定的人

如若一个人只有单纯的态度温和，而意志却不坚定，那么这个人将会是和蔼可亲、但卑躬屈膝的人。这类人往往意志薄弱，个性软弱消极。相反，如若一个人只有单纯的意志坚强，而态度却粗暴，那么这个人将会是暴躁且做事莽撞的人，理想的应该是做个态度温和而意志坚定的人。

孩子，原来你就有孩子气和任性的缺点，上大学后，不但没有改正，反倒是增强了这一点。包括你留学期间，得到的收获之一也是这个。这固然是意志坚强的表现，但是难免让你在有些时候出现固执的情况。所以，我在这里提醒你，不管你自己有多么充分的理由，都不能强迫别人接受自己的意见、观点。

我曾经多次要求你做一个"态度温和，意志坚定"的人，并在你的实际生活中不断加以引导。你也在自己的言行中有所体现，这说明你已经在慢慢地改正。不过现在看来，你还有很多不足之处。所以我难免要再说一下这些老生常谈的问题。

这些问题主要是围绕我所说的"态度温和，意志坚定"来说的。我先要和你说说这两个内容分别指的是什么，然后要说说如何把它们结合到一起。

如若一个人只有单纯的态度温和，而意志却不坚定，那么这个人将会是和蔼可亲、但卑躬屈膝的人。这类人往往意志力薄弱，个性软弱消极。相反，如若一个人只有单纯的意志坚强，而态度粗暴，那么这个人将会是暴躁且做事莽撞的人。

话说到这里，我们当然都知道，理想的状态是二者兼具。但在现实中，这样的人实在是非常少。有些意志足够坚定的人，他们拥有旺盛的斗志，但是却总是错误地认为态度温和就等同于软弱。所以不管遇到什么情况，他们都是努力向前推进，而不管前面和对手的状况。如果他们遇到个性软弱的对手，可能就无坚不摧。但那时如果遇到和他们同样的对手，则有可能二虎相斗，必有一伤。

有些人态度温和是足够了，不过个性圆滑，可以称得上是八面玲珑，左右逢源，在很多事情上几乎没有自己的判断力，只是一味地迎合别人。说得难听一点，见人说人话，见鬼说鬼话，说的就是这些人。不过他们能够欺骗的都是些个性愚笨的人，却无法骗得过智者，伪装的面具会在智者的目光下被彻底剥掉。

那些态度温和、意志坚定的人，绝不是粗暴的，也不会八面玲珑，他们往往是拥有这样的优点和魅力的贤者。在他们指挥别人的时候，常常能以温和的态度命令他人。听到命令的人也会很高兴，并以愉快的心情去实施。可如果简单粗暴地给别人一个命令，接受的人很可能不会全心全意将之付诸实践，很有可能就凑合应付。

有一次我曾粗暴地对部下说："给我杯白兰地！"在下达这一命令的同时，我就感到这个被命令的男士可能会将白兰地泼到我脸上，因为我的态度实在太粗暴了。

诚然，命令应该包含有对方服从的意味，所以必须有冷静而坚定的内涵。但为了让对方能够愉快接受，不妨尽量使用温和的语气，使对方能心甘情愿地接受差遣，这个态度是必要的。

比如说你要向长辈请求什么，哪怕是理所当然的权利，情形也是这样的。态度委婉一点儿，就可能让对方心情愉快地接受。如果不注意到这一点，恐怕不但达不到目的，还会被长者痛斥一番。所以说温和的态度有时候会发生很大的作用，即便，这种态度的转化是一件非常简单的事情。如果连态度温和都做不到，是无论如何也不会有什么大的成就。当然，除态度要温和外，坚强的意志、执着的立场也是非常重要的。

态度温和能使你更好地把握别人的心思，让别人能够接受你的要求。但是并不是所有的时候都可以仅靠温和的态度就能成功，这个时候就需要坚强的意志发挥作用。比如身处高位的人，代表了国家和民族的利益，在被迫退让的情况下，如果仅有温和的态度，恐怕也会因为害怕招致对方嫉恨，出现轻易屈服的情况。

如果你身处高位，你会每天都面临别人的请愿和诉苦，久而久之，难免厌烦。因为毕竟太多了，真真假假，实在难以区分。于是这些人会以温和的态度使陈述者信服，或者坚定地告诉陈述者不要再说了，让陈述者自己屈服；或者摆出一副高姿态，装出冷淡的样子，让陈述者产生这种感觉——若不接受劝告，便会遭到怨恨。

如果可能的话，我希望你能做到兼具温和态度和坚强意志，这能使你不遭轻蔑且受到欢迎。这是不受怨恨而赢得尊敬的唯一方法，可以将智慧及威严集聚一身。接下来，我来说说有关实践的若干具体问题。

1. 退让与软弱完全不同

如果你遇到一个态度高傲、且很容易说出欠考虑的或不礼貌的话的人——这种人总随处可见——不论是长辈，还是和你身份相当的人，或者是比你身份低的人，你要始终表现出温和的态度，这需要你好好控制自己的情绪；如果对方情绪激动，你可以让自己先冷静下来，可以先仔细地看看究竟发生了什么事。不过在这个过程中，你保留在你内心即可，不要让对方感觉到你表情的变化，也就是说不要将喜怒哀乐表现在脸上。

很多时候，对方不会就此罢休，反倒有时得寸进尺。这时候，你可以表现出和蔼可亲的态度，赢得对方的欢心，但却不可故意谄媚，装出一副娘娘腔。

当然了，这个得寸进尺的过程可能很长，他们会反复审视你的弱点，如果让他得手，他一定会毫不留情地下手。这个时候你还能保持温和的态度，就会遭受他们的欺辱和愚弄。不过，在过后如果他们能想通的话，就会敬爱你，到那个时候，所有的事情都可以照着你的想法去进行。

对待朋友或是其他认识的人也是一样的，保持不动摇的立场，能够赢得他们的心志；而保持温和的态度，就可以避免引火烧身。如果你有足够的经验，你也可以对自己的敌人采用温和的态度。这样，有利于使他们打开心扉，同时使对方看出你意志的坚强。

在与对头争执的过程中，你首先要有对愤慨的正当利用。你应该在这个过程中让对方明白，你所做的一切，不是像他一样心胸狭窄、满怀恶意，而只是思虑分明的正当防卫。

2. 工作中与人交涉时要表现得意志坚强

有时候在工作上需要与别人进行交涉，这时候你应该表现出意志的强度，不到非妥协不可的地步，是一步也不能退让的，不要轻易接受折中方案。即便是真的非妥协不可，也不要一溃千里，必须一边抵抗，然后一步一步退让。退让的时候，应以稳健的态度，抓住对方的心思。如果能做到这一点，或许就能获得理解，而使对方动心。

这样做，我是希望你能达到这样的效果：虽然彼此之间存在很多问题，但对方对你的敬意仍然没有改变，而且通过事情的处理，看见你如此尽力，不论在能力上，或是在热情上，你都令人钦佩。如果这样的交情多了，对方就会产生这样的想法：如果能够多了解你的工作方法，或者多与你个人接近，这该是一件多么令人高兴的事啊。

如果你能够这样融会贯通地了解态度温和、意志坚定的含义，所有的交涉就都将无往不利，至少你不必完全让对方牵着鼻子走。

3. 学习"北风和太阳"，勇于表达自己的意见

我反复强调你的态度问题，希望你保持温和的正常状态。不过这并不是我对你的态度的唯一要求，而且温和也的确不是你所应该秉持的态度的唯一内容。你应该有坚定的原则，对自己想表达的内容勇敢地说清楚，对认为不对的地方，也要大胆地提出自己的意见。我希望你注重自己说话的态度、词句、声调等，在需要的时候尽量地保持温和；但是也不用一直刻意如此，一切要以自然而然为原则。

如果你的意见与对方不一致，也没有必要马上反目成仇，最好能继续保持和悦的态度，用稳健的语言表达自己的意见。比如，可以说："如果你问我的想法如何，我一定会这么回答吧！虽然我并没有如此十足的把握……"或者说："虽然我并没有了解得十分透彻，但是事情大致上就是这样的……"这是比较好的说法。不要认为这是软弱的表现，这仍然带有极强的说服力，而且容易让对方接受。

彼此之间的讨论，不管是什么样的结果，最好在愉悦的状态下结束。你应该让对方明白，你不愿意伤害对方的人格，也能保持自我的独立性。如果有不一致的意见，可以通过双方的协调和沟通来解决。

与人交往，我认为最困难的是态度，这和个人内涵是息息相关的。怀着好意却让人当作敌人，怀着恶意反而使人当作朋友，这是不太可能的，因为态度会原原本本地传达给对方。

表情、说话的方法、言辞的选择、声调等，如果都能温和地表现出"柔和的态度"，再加上威严地展现"意志的强度"，一定可以牢牢地掌握住每一个人的心。

第74封信　若不坚强就无法生活得更好

喜怒哀乐，都没必要明显地显露在脸上。如果别人通过这些变化，觉察到你心志的变化，那就很容易通过你的态度操纵你的行为。

年轻人进入社会，应该学会一些生活技巧。有一些前人总结出来的生活智慧，虽然看起来不怎么样，但是如果能了解掌握，并付诸实践，一定能够结交更多的朋友。年轻人因为高傲的心灵，往往对此不屑一顾。不过我还是要提醒你，多了解一些这方面的内容，并没有什么不好。

比如有这么一条：不要让人从你的言语和表情看到你的内心。这就是说无论喜怒哀乐，都没有必要明显地写在脸上。如果别人通过这些变化，觉察到你心志的变化，那就很容易通过你的态度操纵你的行为。而且如果你遇到的是擅长此道的人，你的这种被操纵便是轻而易举的。

如果一看到厌恶的人，听到不好的话，马上就怒气冲冲；一看到令人喜悦的事，或听到令人高兴的话，马上就兴高采烈，这样的人很容易成为狡诈之徒的猎物。

有时候狡猾的人故意投其所好或者反其道而为之，于是易怒易喜者马上会中圈套，给别人以可乘之机，被人乘虚而入。

有这种习惯的人，往往会在不知不觉间，不但没有完成自己的事情，反倒把自己的秘密和内涵轻易地让别人得手，把自己的利益拱手让给了别人。

对此，我要给你的忠告是：

1. 不要以自己的性格作为借口

你有时候肯定会想，一个人能不能时刻保持冷静，和性格有很大关系，不是意志的力量可以办得到的。的确如此，而且照此说来，人的性格对处世方式肯定有很大的影响；不过完全将之归咎于性格原因，恐怕也有些草率。

你自己也应该觉得，如果有心努力的话，自己会有稍微可以改善的地方。人们总是一味地说性格决定其他，却忽视了自己理性的作用。事实上，有时候理性完全可以抑制性格。

如果有突如其来的感情难以控制，甚至到了脱口而出的爆发境界，为了想要使之平静下来，最好就是闭口不言；同时脸上也不要有什么变化。这点的确不容易做到，因为人们时常有控制不住的自己情绪情况。不过如果能够有意识地在平日生活中注意良好情绪养成的话，久而久之，你是可以做到的。

有时候我们在交往的过程中，应该具备聪明、机智和洒脱的气质的训练。但是，你即使靠这些受到赞赏，也无法博取别人的好感，反而只会树立更多的敌人。如果有人故意指桑骂槐，你完全可以置之不理，做一副听不懂的样子；如果别人的讽刺直白赤裸，就当你的面说，你无法装作听不懂时，不妨和大伙儿一起笑，坦然承认被言及的内容，甚至可以夸赞对方褒贬手法高明，态度稳重地面对这个场面。如果你要是急于辩解或者反驳，就好像公开承认你因此受到了伤害。而且相信我吧，你所有的辩解和反驳将会毫无用处。

2. 让别人读出心事就像被人看到你手中的牌

在和人打交道的时候，如果看到对方血气方刚，就注意不要用直白的手段或者表述去刺激他。因为这样的人容易受到外界的干扰，一旦他的怒气被激发，往往口不择言，大发雷霆，根本无法与之有正常的交流，达不到你想要的效果。这个时候，就应该注意观察对方的表情，根据他们的性格，用更加婉转的方式，通过策略套出他们的秘密，而且要确实掌握他们的真意。在商场上，是否能够了解对方的内在意思，这是成功的关键所在。

不懂得隐藏自己感情的人，很容易受别人摆布。在对方手法高明的时候，根本没有胜算的可能。

你如果认为这个过程可以通过假装来蒙骗过去，那你就有点自欺欺人。虽然有的时候假装会发生一点点的作用，但是在大多数时候，是不能发挥效用的。在我看来，"心情被人读出来之后，你连任何一件事情也无法完成。"不让人读出心事而假装不知情，和为了欺瞒对方而假装不知情，其中的差异是很大的，而且后者是错误的。为了欺骗他人而隐藏住感情，不仅违背了道德，而且可以说是一种卑鄙的行为。

培根曾经这么写过："欺瞒对方，这是真正具有智慧的人所不愿意做的；为了不愿意让人看透你的心事，而隐藏住感情，和打牌时不愿让人看到你的牌面是相同的，但是为了欺骗对方而这么做的话，就如同是偷看了对方的牌。"

政治家波林布鲁克也在他所著的书中写下了这段话："为了欺骗别人而隐藏感情，就像暗中抢起短剑，不仅是不受欢迎的行为，而且是一种不法的行为。使用了短剑之后，不论如何辩解，都无法使这个行为正当化。相对地，为了不使别人看出你内心的本意，而隐藏住感情，就像手里拿着一把盾一样，为了保持机密，只好披上了甲胄。"

所以在我看来，如果不隐藏某一程度的感情，在任何时候都是无法保持机密的；如果不能保持机密的话，什么事情也无法顺利进行。

在工作中、生活中，你会遇到很多很多的事情，这些事情都能在你的感情上发挥作用，引发波澜。不过，不管心中如何波涛汹涌，都不应该将它表现在脸上和语言中。我希望你能努力地将自己的感情完全隐藏起来。这虽然有点儿困难，但是也不是完全做不到的；而且做到这一点，对你个人的发展，具有非常大的作用和好处。所以看在它的价值上，你就应该努力去达到这种境界。

第75封信　将勤勉放在心中最重要的位置

对个人来说，勤劳是成功的基石。奋斗至能力极限的意志、希望和决心，是你必须具备的成功条件。

昨天晚餐时，我们三人饶有兴致地对社交界为什么有成功者也有失败者进行了讨论。你和弟弟言辞激烈，对自己的观点也作了充分的表达。说起来，你们的判断和认识颇有道理，比如你们提到成功的因素，包括教育是否彻底、态度是否积极、是否具有魅力的人品等，我都非常赞同。不过你们在列举了众多因素后，却独独把勤勉轻轻带过，这让我不能苟同。

诚然，你们也承认勤勉是成功的一个重要因素。可是，从你们的态度看，我不知你们对这个因素是如何理解和看待的；至于说重视不重视，我就更不乐观了。我认为勤勉在成功中具有巨大的作用，这有我自己的理由。

譬如你们昨晚所说的，很多人缺乏天资，一生虽然一直在努力工作，但始终无法跨入成功的行列。相反地，有人进入社交界的时候，成功的条件并不完备，甚至很有缺乏，但是通过努力，最终站到了成功的一线。我对这一观点的看法则是，那些在开创事业的初期阶段就不充分努力的人，是不会成功的。

就你而言，你在大学一年级的成绩很不理想。你自己也坦然承认，是因为新生活、宴会与异性交往等学习以外的事让你分心，这样的日子无疑要比学习来说快乐得多。当然了，在我看来，作为一个普通人，且只是一个大一的学生，犯这样的错误是普遍现象。幸运的是，你第二年觉悟到时间的重要，及时改正并努力用功。

如果是在社交生活里，你要更加谨慎地衡量自己对工作的兴趣。你在大学里对学习没有兴趣的话，就不会想努力，你的知识积累就会慢下来。所以你想在社交方面取得成功，你就必须得提升自己对工作的兴趣，并用勤勉的行动来落实这种兴趣。有强烈工作兴趣的人，除了每周 40 小时的规定工作时间之外，还有超过 50% 的工作。

如果你对自己的工作充满了兴趣，愿意去从事它，你会惊奇地发现，你的疲劳感少多了。我身边有很多这样的人，每周工作 70 小时或更多，而完全没有疲倦之意。这就是因为他所做的是自己喜欢的工作，因为太快乐的缘故，会达到浑然忘我的境界；甚至有人开玩笑说，拿薪水会让别人取笑。

很多人总是梦想如果能够天天什么都不做，只是打牌喝酒或者干脆呆坐打发日子的话就好了。可在实际生活中，很多人都有着比事业更重要的人生目的，我对这一点并不反对。所以，从这一点来说，如果你渴望成功，就必须在今后的几年里，设法让自己对工作的兴趣大于游玩的兴致。有些时候，拼命工作是获得成功的必要条件。

国家的最大资源是国民，一个繁荣的国家的职业道德水准非常高，每个人都要尽最大能力做事，让人们拥有强烈的信念与执行力，这才是立国之本。时间、兴趣、意志，加上不屈不挠的精神，才能够成功。用古人一句言简意赅的话说："勤劳无可替代。"

对个人来说，勤劳是成功的基石。极限奋斗的意志、希望和决心，是你必须具备的成功条件。

有些人很难让人理解，他们拥有能力，却总是懒散度日，完全浪费了上帝所赋予的天赋；或者有的人只为了获取个人的利益，全然不管社会的利益，这样的人，我都认为是寄生虫一般的存在。

最令人痛心的是，他们完全意识不到这一点，而且有很多时候很能自得其乐。我深深地意识到，这些人无法胜任各样的工作，也就只能顾及自己的成长，对他人对国家毫无意义。

你的祖母和古罗马时代的诗人霍拉提斯有相同的想法。她每周工作 80 小时，并且认为，如果不努力，人就不能从人生中获得好处。下次你再和你弟弟争论成功的基本条件时，我期待你们能了解祖母与霍拉提斯的话，并把勤勉放在你们列举条件中的最重要的位置。

第76封信　金钱只是维持生计的工具

很多时候，赚钱的多少成了衡量我们是否成功的唯一指标。我们不关心自己需要多少东西，而只关心自己能赚多少钱。这种行为有点类似于不受控制，当然我们也从来没想过要去控制它。

一位著名的美国作家曾写道："是否有人记忆中曾有日子不难过，而钱也不匮乏的时候？"和别人一样，我们也在追求这个金钱不匮乏的目标，但是尽管付出了很多，也得到了很多，却发现我们并没有比别人更接近这一目标。

大家都在说，购买维持生活的必需品就要有钱。可是很多人的生活必需品，已经比我们祖辈的时代丰富了很多，而在他们看来，如果没有这些，他们就无法生活下去。

我小的时候，父母去一趟三百多英里外的城市，就感觉是一次了不起的旅行。我至今仍能记得他们为了这次旅行从数周前就开始准备，包括激动的心情也持续了很久；到了城市里，各种新鲜和令人兴奋的经历，更是让人难以忘怀。回到家很久后，仍然会不时地进行回忆。可是今天呢，如果不超过七千英里，很多人都不认为是出远门呢。

就是因为我们的期望越来越高，所以大家几乎没有人不感到金钱匮乏。我们都有过不断花费的经历，目的好像仅仅是不落在邻居后面，这在我们祖父母时代是不可想象的。当然了，如果我们什么都不去想，不去想和别人攀比车子和其他的一切，我们也许能够增加我们的储蓄，不过谁都不会这样做。

很多时候，赚钱的多少成了衡量我们是否成功的唯一指标。我们不关心自己需要多少东西，而只关心自己能赚多少钱。我们的这种行为有点类似于不受控制，当然我们也从来没想过要去控制它。

你还记得我的朋友乔治么？他拥有很多企业，当然赚的钱也不少。直到有一天，他想要把自己的企业卖掉。在此事发生的第二天，我和他共进午餐，谈到了他在银行的大笔存款。我自然也表现出除了很大兴趣，不知道他会如何处理这笔钱。

"明天你打算怎么处置这一大堆钱？"我问他。

他告诉我："首先，我要给自己买一辆新车，再为我老婆买个钻石戒指。"

"这个主意很适合你！你辛苦工作那么多年，值得拥有这些。但这两样总共也不过花掉你百分之一的钱，其他的钱你打算怎么办？"

"我打算投资房地产或是一间已成气候的小公司。"他毫不犹豫地说。

我不敢相信我的耳朵。因为他昨天刚刚卖掉自己的公司，今天却又想着开一家新的公司。而他的理由则是把钱放在政府公债等保险的地方，无法带来足够的回报。

这就是我的富翁朋友乔治，他没有办法把自己的钱、黄金和一些债券放在一边去享受人生，只能不怕麻烦地把一种风险投资换成另一种风险投资，目的就是认为这样做能够赚更多的钱。而最让人不明白的是，他已经有了足够多的钱。

这场午餐最终不欢而散，因为乔治认为我无法理解他自己认为正确的行为，我们是道不同不相为谋。

难道是因为通货膨胀的出现，我们才会担心金钱的匮乏么？不管有了多少钱，我们一想起它会贬值，就变得没有满足感，就已经天马行空地想到我们退休的时候会没有足够的钱供我们继续维持目前的生活水准。

如果我们摆脱不了这个思维定式，那么在现在的时代里，要保持金钱不再匮乏，到底有什么样的办法呢？我可以从我的经验里给你提一点意见，尽管这只是我的一家之言。

你肯定知道很多如何赚钱的方式吧，比如投资房地产、购买黄金，或者投资股市，但这些都充满了风险。诚然有很多人在这些项目里挣了大钱，不过也带给人错误的观念，认为别人能这样，我们肯定也能赚钱。有些人错误地认为自己和赚大钱的家伙们一样机灵，结果导致了巨大的损失，这种事情并不少见。比如我们有时候就看到别人赚钱，然后自己也莽撞地进入一个新的领域，结果却被吞噬了所有的钱。

我看，不熟悉的事情不要做，是避免这种情况的有效方法之一。我们投资的时候，应该选择略知一二的领域，这样至少不至于使自己的投资无影无踪。当然了，把所有的钱投到一个项目上，这也是不明智的行为。现在的经济形势变化多端，难保原来的一些项目不会贬值得一无所有。

还是说我的一个朋友吧。他很善于投资，而且在选择投资的时候，总是与他原来从事的事业有各种联系。这样对自己投资的对象，他总会有几分熟悉和了解。开始的时候，他从事的是药品的销售工作，后来转行到了个人卫生用品的领域，然后他自己开始生产这些产品。不过法律要求从事这样的行业应该有独立的实验室，于是他在经营了几年以后，买下了一间实验室，为自己服务。实验室开张后，他又涉及了和药品、个人卫生用品都有关的化学制品行业，于是又开了一家化学制品公司。同时，他还开始从事药品的包装工作。这样看来，他是围绕自己的事业，逐步扩大了投资的领域。正因为情况熟悉，才让他游刃有余，如鱼得水。

多元投资的好处，我还有一个朋友的经历可作例证。我原来的一位事业伙伴佛瑞德，某次和我探讨此事时表现出忧虑。原来他只有一家公司，这家公司经营得也非常不错，有很低的风险和不错的收入。他忧虑的是只有这一家公司，无法进行多元投资；而他担心的是投资在一个地方会发生风险。在我的建议下，他把公司的利润作了投资，去其他行业碰碰运气。我们都认为这是合理的。

我提到的这些例子，对靠薪水过日子的人而言，可能像是天方夜谭。其实同样的原则一样适用于小投资人，除非你能确定这项投资完全没有风险，可是根本没有毫无风险的投资。否则不要把全部的钱投在单一领域里；若你要投资风险较高的项目，请选择自己熟悉的领域。

谨慎投资是不错的收入方式。如果你有一定的实力，倒是可以玩下钱滚钱的游戏。这也是相当有趣的，当然这种乐趣也自有限度。最近有人问我，成为百万富翁，想买什么买什么，是什么样的感觉？我想了很久，因为我压根就不知道这种感觉是什么，我又不是百万富翁。

不得不承认，一个有钱人更像一个成功人士，他不用为了付账单烦恼。不过除此之外的好处，却并没有多少。比如他可以买得起任何的牛排，可也只能吃几块。我记得苏格拉底曾说过一句极有智慧的话："看看这一大堆出售的东西，有多少件是我根本就不需要的？"

拥有许多钱财并不能使人感到更幸福。每天起床开始新的一天时的愉悦心情，和自己有多少钱并没有多少关系。所以我认为，知道自己并不缺钱，不过是感觉舒服一点罢了。

很多有钱人自负得很，眼睛里把这种感觉表露无余。他们有强烈的想炫耀银行存款的欲望，这让他们根本不知道节制。至于结交朋友，根本不在他们的考虑之中。

有一个家庭，本来和睦相亲，只因为祖父去世时留下大笔遗产，一家人却反目成仇，大家都想多分一杯羹，于是亲情全然不在。原来是和睦的，并未激烈的争夺，最终却大打出手。

这样的情况真令人遗憾。他们无法看到自己生命中最重要的东西是什么，健康、婚姻、子女和幸福的生活，都抵不过金钱的诱惑。这种贪婪遮蔽了一切，坐拥黄金的感觉成了他们唯一的追求。

实话说，我们每个人都有挣很多钱的愿望，但是需要小心地控制这种欲望。我们得不断地提醒自己，钱够维持你的合理生活水准就可以了，过多的钱不过是你努力工作的报偿。而如果你的钱来自父母，最好还是把这份荣耀归还给他们。

最近，一位朋友就面临这样的考验。在这件事情当中，他们让我目睹了安全感的真义。这位朋友原本拥有百万美元，因过度投资股市而损失惨重。股市下跌的同时，他的房地产事业也因为高利率而贬值。再加上他那项减低大楼能源供需的新式能源系统，市场接受率缓慢，他的收入和储蓄因此减少了一大半。

此后的某个时间，我们在一起，谈论起此事。我问他现在的感觉如何。他的回答让我很出意外。

他说："我这辈子头一次发现，我只需要这么少的钱便可过活。"

然后他向我讲述了整个过程，包括在他的投资失利后，为了弥补这一点，根据错误的信息作出判断，变卖了一部分房产。结果买主不履行义务，抵押的公司便转回来要他付钱。他无计可施，只能把本金用于还债。在他55岁的时候，宣布破产。

在我刚想表示遗憾的时候，他却对我说："从某种角度来说，我目前的状况已经是最好的了。我了解到，我只需要极少的钱便可活在这世界上。我毕生头一次将我的注意力放在其他更重要的事情上。我承认，有些时候，多一点钱会方便些，但这种情况不多。"

接下来他说的这段话，我永远牢记在心："一个人经济上的安全感，应该建立在个人的天赋和能力上。我已努力发展这两方面，而这正是我的储蓄。钱只是显示这些才能贡献给工作时的价值而已，当重大事件使我积聚的金钱消失时，我只需从头开始去充实我的银行户头。我再也不像以前那样，把金钱不匮乏当作人生最重要的事。"

我的朋友在这场人生悲喜剧的考验中，得到了极佳的成绩。我盼望，若是类似的事情降临在你身上，你也能达到他的水准，他仍然保有他的健康、家庭和朋友。

这些才是人一生中真正的保障。

第77封信　战胜竞争对手的秘诀

在这个社会里，如果没有周到的礼仪、温和的待人处世的态度，要生存下去是很困难的。朋友不知何时会突然变成敌人，敌人不知何时又会变成朋友，所以即使心存憎恨，表面上也要微笑地与他相处，相互爱惜，彼此珍重。

不管喜欢还是讨厌，我们总要用谨慎的态度来与人交往。知道如何和其他人相处，是很重要的事情。不过说起来容易做起来难，真正做起来的话，一般年轻人很少能做到这一点。因为他们总是冲劲十足，无法顾及事情的前因后果。不论在工作还是在恋爱上，只要有人批评他，他就对人产生反感。

在有些人看来，竞争者和敌人有时好像是同义词。不管这人是和你喜欢了同样的女孩，还是寻求同样的工作，都成了不共戴天的敌人，见了面恨不得马上抓过来痛打一番。在我看来，这是很无理的态度。因为大家都有平等的权利，不管是对待工作还是某位女士。面对竞争对手的方案并不能让你达成心愿，而且往往争斗起来，还会"鹬蚌相争，渔翁得利"，让莫名的第三者得益。

这是很简单的道理，可是很多人却不甚明了。比如情敌二人，彼此痛恨，每次非打即骂，不管在什么场合，一旦见面，马上反目。虽然这二人好像在维护自己的权益，可是在场的其他人恐怕对此都会厌烦。至于让他们共同爱慕的对象看到，难道她还会因此对谁产生好感么？

可是，如果其中的一方，不管他的心里怎么想，遇到情敌时，仍然面带微笑，彬彬有礼，自然且不高傲地应对，并不因为二者的竞争关系就制造冲突。这就使另一方显得很小气了，他们共同追求的对象看到这一幕，对谁会产生好感，自然就不言而喻了。除此之外，面带微笑的一方从他的微笑里表现出了自信，一定更能受到对方的青睐。

有关竞争的话题，我给你的忠告如下。

1. 做一个好的竞争者是成功的关键

能够压抑自己的感情，表面上掩饰得很好的人，在竞争上一定可以获得胜利。不管是在工作上还是在其他方面，为了让你更好地理解这一点，我说说我自己的经历，也许对你有些借鉴的作用。如果有一天你和我处在同样的状况，你能想起我的做法，有助你处理好这样的问题，我就为之欣慰。

我曾经代表国家到荷兰去交涉关于该国参加澳洲继承战争的事宜，但是活动的目的是决定军队数量等事情。在那里，我遇到了以为大家非常熟知的大修道院院长，他是极力阻止荷兰参战的代表人物。我早就听说过这位大修道院院长头脑清晰、心地温和，是一位能力非常强的人。和他成为宿敌，无法亲密地深交，使我觉得非常遗憾。可是我们初次见面时，是在设有第三者的座席上，我通过第三者的介绍，向他传达了我的想法。

"虽然是敌对人士，我们难道不能超越这层关系，做更深入的沟通吗？"大修道院院长以慎重的态度回答了他自己的想法。这让我看到与他交往的希望，我决定为自己争取一下。

两天以后，我到阿姆斯特丹参加会议。当时院长早已经到了，我面带微笑地对议员们说我认识大修道院院长，虽然当时我们只见了一面，而且我的这种说法能不能得到院长的肯定尚未可知。于是我在众人面前说了一番话，表达了我的意愿："当我看到我的宿敌在这里时，觉得非常遗憾。我会这么说，是因为他的能力使我感到非常害怕，这不是一场公平的战争。但是为了国家的利益，我绝对不能在他的能力下屈服。"这就是我当天在众人面前说的一番话。

听完了我的话，在场的每一个人都微笑起来。大修道院院长也表示赞同我的说法。十五分钟之后，他留下我离席而去。我继续发表看法，以一种比前面更诚恳的语气说："我来到这里讲话，完全是为了荷兰的利益着想，这一点是千真万确的。大家都是我的好朋友，我不需要在你们的面前伪装。但是，我也希望你们都能和我一样，大家坦诚地来谈。"

我的目的达成了，而且后来大修道院院长也和我采取了相同的主张。在我看来，我们成为朋友的目的已经达到了。此后即使有第三者在场，我仍然以坦诚而又虚心的态度与他相处，询问他的近况。

2. 一个男子洁身的处方

一个伟大的人，看待他的对手，要么温柔，要么凶狠。比如在对方极力羞辱你的情况下，你不能有其他的选择，只能选择大打出手，以此来维护自己的尊严。但是如果你已经把他打倒在地，完全可以礼貌周到地去关心一下，或者去探视一下。也许对方以后还会回来复仇。这样的举动对你是很有好处的，这并不是欺侮对方。在我看来，你应该和这样的人做朋友，这并非是一种软弱的态度。

比如在公众场合，难免有些不体面的人出现，这个时候如果你委婉地与失礼的人谈话，也不会受到大家的责备。别人会认为你在打圆场，是在维护整个场合的气氛。在这个社会上，不可以因为个人的好恶而扰乱他人的生活，这是每一个人都应遵守的原则。

事实上，我们生活的世界充满了恶意、憎恶、怨恨。虽然有很多努力认真的人，但是唯利是图、见利忘义的人也不少。今天浮起来的人，说不定明天就会沉下去。所以与人打交道，最需要做好的，是自我的态度和立场。

在这个社会里，如果没有周到的礼仪、温和的待人处世的态度，要生存下去是非常困难的。朋友不知何时会突然变成敌人，敌人不知何时又会变成朋友，所以即使心存憎恨，表面上也要微笑着与他相处，相互爱惜、彼此珍重。

第78封信 遵守生活的原则，追求有价值的人生

正如伏尔泰说的："常识并非那么平常。"它们不需要你花钱，不要求你牺牲什么，也不带给你痛苦，它们只要求你对生活有所规范。

过去，我曾在监狱附近住过一阵子，看多了各类犯人们进出监狱。有时候我还会对其中的部分案件进行评论。其中有一个案件我印象颇为深刻：他被指控杀死了自己的父亲。在我看来，这种行为无疑会被判处绞刑。可是在此后的一段时间里，我并没有看到他被处死。后来才知道，一位有名的律师为其辩论，以自卫杀人的理由，使他免于一死。

这个案子说来很有戏剧性。不过，我从中体会到，这个社会上现存的某些规则，这是我们都需要遵守的，如果你完全不顾这些规则，那很有可能走向自我的毁灭。

此后随着阅历的增加，我对这一点有了更加深入的了解。如果有些规则被你打破了，虽然也不至于坐牢，但是可能会影响到你的生活，让你从此过得单调乏味起来。比如我就曾见过很多有才华的人，但不知道为什么他们拒绝了很多机会，也让自己的路越走越窄。我常常在和他们对比，看是什么让他们走到如此的境地，是什么又让我选择了正确的道路。因为与他们相比，虽然我也经历了不少的挫折和失败，但我自认我还有个成功的人生。至少，我是一个快乐的人。所以我在这里总结了一下我的成功之道，作为与你分享的内容。其实在很多演讲中，我都曾经和大家分享过这些。

1. 正面思考

在我们的周围，有些人常常沮丧，总是充满忧烦、羡慕和嫉妒；有些人总是神采奕奕，面带笑容，时时给人鼓励的话语。如果让你选择，你会比较喜欢哪种人呢？显然是后者吧。现在来看看你自己，你自己是哪一种人？什么是你的思考模式？人们是如何成为坚强的正面思考者的？说起来，我也没法完全解释，但在这里有一些建议。

从生理的角度来说，我们都具有潜意识和意识。意识主导我们的思考及抉择；而潜意识支配我们的身体活动及感觉，是我们创造力的来源。潜意识能够记录下我们生活中的每个片段，如果有些不愉快的想法及意见沉潜下去，比如忧虑、恐惧、羡慕，那么当我们需要它的时候，出来的恐怕就是一份负面的人格报表；但如果我们放进去的是对个人、对未来、对周围一切的正面想法，那么出来的自我图像也将是正面的。

说起来很简单，不是么？不过很多人从未拥有正面思考所需要的自信，或者说叫一种自我的尊重。他们努力地让自己做到正面思考，却发现感觉并不舒服，有时候还越来越糟。这是因为在他们正面思考的表象下，深层的潜意识里却是一个顽固的讯息——"你毫无价值，你不值得让好事在你身上出现。"

很多情况，这种信息会长胜。比如你可能在学习能力方面有障碍，是你学习阅读的时间比别人多不少。可能你的兄弟身体比你强壮，使你觉得你不如人；也可能由于家庭失和，使你一直得不到应有的关爱。即便你清楚地知道这不是你的错误，但在潜意识里，你可能仍给自己"不够好"的评价。

当然，这些讯息是错的。每个人都有优点，都是独特而不可替代的，而且每个人都有可以贡献之处。认识到了这一点，你就要做到，发现自己心中潜藏着的负面讯息，你就得致力改变，强化自己正面的讯息，这样才有成功的机会。

如果你的头脑里浮现的都是正面讯息，那么不管面对任何挑战，你都有着强大的能量来源。世上真正的胜利者，并不必然是那些最有钱的、或是位居要职的人；真正的赢家是能肯定自己、肯定周围的世界，同时协助别人肯定自己的人。

2. 为自己立定目标

有了成就我才会快乐，这是我对自己的要求。但要做个有成就的人，首先得知道自己想要什么。否则，就会像在太平洋中驾船却没有带指南针一样，一会儿东，一会儿西，随风飘荡，根本不知道自己去哪儿。

一位演说家曾经激励一些房产推销员，说他们能够在一年内卖掉价值500万元的地产。当时已经是年中，很多推销员告诉他，在一年内推销这些房产或许不难，但至少应该从明年开始。可是这位演说家强调就是当年完成，不管这一年过去了多久。不知道他究竟施展了什么样的魔力，在我看来，很有这样的意味。他只是告诉推销员们："如果你计划在今年10月

31日前卖掉500万元的地产，你就会做到。"结果到了年底的时候，他接到地产商的电话，竟然真的有人完成了这个目标。如果要书写这样的一个过程，可能一句话就可以：他们制定了目标及完成目标的计划。

如果说人人都有梦想，可没见到人人都成功了，这是因为成功的取得并不是做梦就可以的。第一步是定下目标，第二部是计划如何达成目标。这个计划的构建必须谨慎，而且在制订成功后，要有力地执行，以便取得应有的成果。令人惊讶的是，世上只有很少人认清为自己制定目标及执行计划，是唯一能超越别人的可行途径。如果一生漫无目标，你的人生就会像一艘没有航标的行船。

3. 持续不断

在我看来，有些人比别人成功的原因，就是失败时，他们有毅力及勇气爬起来，重新再来。让我沾沾自喜的是，我在很多时候，也能做到这一点。对于成功者来说，他们很早就从生活中认识到，错误是学习的好机会；如果出现了这种机会，就要抓住它，利用它。什么是失败？是你不再重新开始，而使失败成为定局。我常常失败，但我认为那是我达成既定目标过程的一部分。

在失败面前，犯愁并低头，都不是好的态度，这样只能使得败局已定。我倒是认为可以抱着一种学习的态度仔细研究它们，因为它们往往是开启成功之门的金钥匙。其后，再试一下，或者还会失败，但是你仍然可以再来，直到成功为止。举例来说，灯泡是个简单的东西，不过，爱迪生却试验了上万次才获成功。你能否想象他会暗暗在心里告诉自己上万次："今天失败了，明天我一定会成功！"这样的毅力正是你所需要的。

我在大学攻读商学课程时，班上有125个学生，可是最后只有12人拿到商学学士学位。我常想，其他人都干什么去了？这是怎么回事？我知道，他们中很多人要比我和另外11位毕业生都聪明，可能有些人中途改变主意选读别的学科去了，但其余的人呢？也有不少人因为一次失败，就放弃了奋斗。其实他们完全可以从失败里得到教训，继续迈向成功。

4. 谨守诚正之心

有人曾经问我，如果在你写的书信里只选择一篇留给子女的话，你会选择哪一篇？我毫不犹豫地回答："很容易，那一定是谈诚正的那一篇。因为不诚不正，你就没有人格，也就没有任何东西可以吸引我或千百个像我一样的人去理睬你。"我常和年轻人谈话，令我吃惊的是，他们对诚正的重要性并没有什么认识。在很多年轻人看来，只有走捷径才能在事业上成功。我真的想建议他们多和那些事业上取得成功的人士聊聊。要知道，他们这种可笑的想法，难保不会给他们惹上什么牢狱之灾！因为这些学生或多或少打定主意，觉得要迈向成功，就少不得做些违背法律、道德或伦理的事。我花了很多时间告诉他们，情形并不是如此。成功人士也会告诉他们这一点，如果他们肯下苦功夫认真学习，自己的事业将会更加蓬勃、更为美好。

阿布·卡恩曾说过："信任就像一根细丝，弄断了它，就很难把它再接回原状。"对我而言，不管在生命的哪个阶段，始终拥有最大财富，那就是诚实。

5. 替自己组织队伍

说起团队，大家都熟悉，但是却并未被充分使用。至少在我看来，很少能见到好的团队合作形式。很多企业里打着团队的旗号，却并没有建立起什么像样的团队，更不用说发挥团队的合作效果。在日本的一些企业里，倒是有着不错的团队，也得到了专业的训练。

最能说明团队合作效果的例子，就是运动员队伍。比如说，一个棒球队里有最佳投手，但是少了其他八名队友，他恐怕没什么作用。事实上不管做什么，都不会有人能够独自具备所有完成计划所需的经验、学识、基本能力及知识。只有不同的人结合起来，资源合一，才能完成任务。

两人智慧胜一人，三个臭皮匠，顶个诸葛亮就是这个道理。做同样的一件事情，由每个人发挥才干结合出的团队，永远比这些人自己单打独斗要强得多。

有些团队得到的收获超乎他们的预期。在这种例子中，他们谨慎地遵守了几项规则：创造可以自由思考的气氛，以开放态度倾听不同想法，不打断别人的谈话，以及仔细分析每一个建议以发现何者可行。团队成员之间出现嫌隙，将严重减损这个团队的实力。领导者必须迅速找到这个负面因素，并将之除去。成员之间的恶意竞争，常是团队崩溃的原因。

记住，你要和你的团队一样好才行。

6. 果断下决定

迟疑是个不可小觑的小偷，他会偷走你的机会和口袋里的金钱。在我还是个小人物的时候，我常常发挥自己快速决定的能力，以打败那些大人物。他们的能力和资源优于我不知道多少倍，但是因为不能果断地下决心，就是在迟疑的过程中被我抓到了机会。从这以后，我就深深地明白，要想取得胜利，你就得快一点，再快一点。

当然了，要区别果断和草率决定是完全不同的，对于前者，你得尽快得到必要的信息，以协助你下决定。有些人之所以做不到这一点，就是因为在得到信息后，只是丢至一旁，不予理睬。而我通常的做法是，用一张纸，从中间画出一条线，把正面的因素放在其中一边，负面因素放在另一边，之后，我从一到十来给每个因素打分数。这种方式对做决定的影响很大。它虽然不是一套多么聪明的系统，但的确让我的脑袋清楚很多。

7. 终身学习

希腊作家索伦说："活到老，学到老。"我很能理解这句话的内涵。我一直不断勉励自己，在任何时候都要进行学习，以使自己下一步跟上前一个脚步。但令我惊讶的是，很多年轻人却没有这样的观念，他们从学校出来后，就与学习无缘了，似乎已经学够了。而且他们还得意扬扬地说："我已学完了足以让我生存下去的所有知识。"我认为这的确有点令人吃惊可笑。生存不是我们最终的目的，如果你仅有这样的目标，那倒是完全可以。可是你要是想追求成功的人，就必须不断地学习。

创造性地思考，是很重要的能力，一直以来，我对其他人拥有这种能力赞叹不已，羡慕不已。后来有机会我和某一位指导人们如何发挥心智的专家在一起谈话，这次谈话让我受益匪浅。在此之前，我一直认为不管你生来如何，经验和学习像是指路的明灯，能助你善用脑力。在他看来，我却应该通过训练心智，一边更有效地活用这些成分。后来我参加了他的训练课程，得到了一生中最好的一次教育。通过那次训练，我学会了使用潜意识来刺激自己进行创造性的思考。自那以后，不管何时碰到要解决的问题，我都不会焦虑不堪，我只是汇集手边可得的资讯，把它装进我的脑中，随着时间的进程自然而然地消化、沉淀这些想法，让它成为醇酒。火候一到，可能的解答就会从我清晰的思虑中跳出，这样我所面对的问题也就迎刃而解了。唯一令我遗憾的是，我不是在 18 岁，而是到 48 岁时才学会这个方法。

学习从来不会停止，除非你打算脑袋空空地过完一生。

8. 注重健康

健康的身体也是一个人成功的资本。一个人如果没有健康的身体，他对自己、家庭、公司，甚或对全社会，就不会有什么价值。不幸的是，我们有着对健康有害的习惯。或者说只有当我们到了一定程度的成功时，才能有时间来看顾我们的身体。目前，我们就放任抽烟、过量饮酒，吞药物，任由肥胖，妄加过多压力……由此，或快或慢，毫无觉察，让你的身体逐渐变坏，等到发现了，悔之晚矣。这个时候，你已经无法开展有效的工作了。这样，坏习惯又一次取得了胜利。

我曾经认识一位年轻、有冲劲、聪明的经理。在我看来，他具有一切足以取得成功的必要条件，我们一起曾度过不少欢乐时光。后来，他养成了酗酒的习惯。直到有一天，他和我谈到他心脏有些毛病，这让我意识到他因为这个恶习导致了健康出现了问题。

当时我将自己的想法告诉他的时候，他完全不以为然，甚至认为他的医生也没能给他正确的信息。而且就在那一次，我们不欢而散。原因是我劝他服从医生的指导，按时吃药，但他却固执地认为自己并没有什么疾病，拒绝吃药，还要求和我去喝上几杯。在我断然拒绝后，他气冲冲离开了我的办公室，也许又到什么地方喝酒去了。两个月后，我，他的妻子和他的三个年幼子女，以及很多好友，参加了他的葬礼。

你只有一副身体，要让它处在最佳状态，你才能有最好的智慧及体能去追逐你的梦想。

9. 珍爱你的家庭，除了健康以外，它是你最重要的资产

好了，我已经说了很多有助于你成功的原则了。不过即便是你把所有的各方面都做到了，你最多也就是个成功的事业家，甚至还有可能是个人生的失败者。为什么这么说？如果你只重视物质上的成就而忘了快乐，没有花时间给你的家人，那么你将失去生命中最有价值也最重要的成分之一。这几天，我很想去问问那些即将诀别于人世的一些人，如果有机会重活一次，他们会做哪些改变？我想，许多人一定会希望多花一点时间和家人在一起。

事业成功同时导致家庭不幸。因为事业占去了你太多的时间和精力，很多人还骄傲地认为自己在为自己的家庭忙碌呢。等他们的生命再向前走几步，他们将会发现，要经历世上最好的感受，让孩子视他们为值得尊敬而慈爱的父母，对他们而言，竟变得极为困难。

谨慎地维持事业和家庭的平衡，会让你在这两个领域中都表现更好。平衡的生活将带来充分舒解的身体、更聪敏的心灵，也让你在家里及工作单位都有更好的态度。

10. 对自己充满信心

没有自信成不了什么大事。你要怎样在你自己、你的孩子、你的同事及你的朋友间，营造出这项重要的本领？

对这个关键问题，我没有标准答案。不过，我的看法是，如果你能做到正面地思考、为自己立下目标、不屈不挠、锻炼诚正的品格、果断下定决心、终身学习不辍、注重健康、平衡你在家庭及事业的时间，你就一定可以拥有坚强的自信，也就没有什么能挡住你追寻有价值的人生。

这些简单的法则不过是一些基本的常识。但正如伏尔泰说的："常识

并不那么平庸。"它们不需要你花钱，不要求你牺牲什么，也不带给你痛苦，它们只要求我们对生活有所规范。

这些法则保证了一个热诚的、有成就的人生，也会带给你一个对家庭、朋友及你自己都有价值的人生。

一个人还能要求更多吗？

这就是我对你们的祝福。